ORIGINE

DES

IDÉES POLITIQUES DE ROUSSEAU

OUVRAGES DU MÊME AUTEUR

Publications en très petit nombre

Essai sur la taxe des gardes, taxe mobilière........................... 1 fr. 50

Le Rhin suisse, avec traduction allemande en vers...................... . . 20 cent.

Alphonse Vuy, notice biographique....... 2 fr. —

Une consultation du président Favre...... 50 cent.

Convention arbitrale entre l'abbaye de Pomiers et la ville de Cruseilles (1338-1339) .... 5 fr. —

Jugement rendu à Ripaille par Amédée VIII, le 20 juin 1438, entre l'abbaye de Saint-Jean d'Aulps et diverses communautés de la vallée de Samoëns ... 5 fr. —

Trois séries de chartes inédites, chacune. 3 fr. —

Note sur la villa *Quadruvium* .... 3 fr. —

Les Franchises de Châtel en Génevois, du 18 mars 1307............... ...... 5 fr. —

Une Charte inédite du treizième siècle, et un article du Regeste génevois...... 1 fr. —

Notes historiques sur le collège de Versonnex, et document sur l'instruction publique à Genève, avant 1535 ...... 5 fr. —

Chézery, chartes du douzième siècle, publiées avec un avant-propos......... 1 fr. —

Note sur l'étymologie du mot *Corraterie*.. 3 fr. —

Les Etats généraux de Savoie en 1522.... 2 fr. —

Echos des bords de l'Arve, 3e édition, deux volumes, *épuisé*... .... 6 fr. —

*

ORIGINE

DES

IDÉES POLITIQUES

DE

ROUSSEAU

PAR

JULES VUŸ

VICE-PRÉSIDENT DE L'INSTITUT GÉNEVOIS

Ancien membre des Chambres fédérales suisses

Deuxième édition

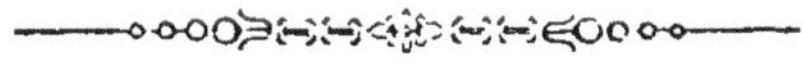

GENÈVE

LIBRAIRIE H. TREMBLEY

Imprimeur-Éditeur

4, rue de la Corraterie, 4

1889

Il a été tiré de ce volume :

3 exemplaires (n°s 1 à 3) sur papier du Japon.
10 exemplaires (n°s 4 à 13) sur papier de Hollande.

Ces exemplaires, non mis dans le commerce, sont numérotés et paraphés à la main par l'auteur.

N° ____

AVANT-PROPOS

Il y a trente ans environ qu'en rendant compte d'un ouvrage historique sur Genève, j'eus l'occasion de mentionner les *franchises nationales* promulguées dans cette ville, le 23 mai 1387, par le prince-évêque *Adémar Fabri,* et de faire, à ce sujet, une courte remarque que je reproduis et qui passa inaperçue alors :

« Ce ne sera peut-être pas un mince sujet de « surprise pour beaucoup de personnes d'ap- « prendre que les idées fondamentales dévelop- « pées par Rousseau dans son *Contrat social* « nous parviennent de ces mêmes *franchi-* « *ses* (1). »

Lorsqu'on parla plus tard du centenaire de l'auteur des *Confessions,* le moment me parut favorable pour remettre en avant cette remarque fort oubliée, pour l'étudier d'un peu plus près, la présenter sous une forme moins brève, quoique succincte encore, et la faire mieux connaître.

Ainsi prit naissance mon premier Mémoire sur l'*Origine des idées politiques de Rousseau.* Lu à Genève, en une séance générale et publique de l'*Institut national génevois,* et, à Lausanne, au sein de la *Société d'histoire de la Suisse romande,* il parut dans un des volumes du *Bulletin* de l'Institut (2) ; son étendue était des plus modestes.

(1) *La Suisse,* 2 juillet 1859.

(2) *Bulletin de l'Institut national genevois,* volume XXIII.

II

Quelques personnes en reçurent un exemplaire à part, en particulier un membre éminent et très connu de l'Académie française, avec lequel j'avais l'honneur d'être en correspondance (1).

Il voulut bien le lire attentivement et m'en parler sans retard dans une de ses lettres, en des termes d'une bienveillance telle que j'ose à peine les rappeler ici.

« Votre Mémoire sur l'*Origine des idées politiques de Rousseau*, disait-il, m'a fort intéressé; il est bref, clairement et élégamment écrit et tout à fait concluant. Je ne crois pas aux générations spontanées, pas plus en fait d'êtres qu'en fait d'idées..... *On est toujours le fils de quelqu'un*, a dit le poète Musset. Il n'est donc pas étonnant que Rousseau se soit emparé des *franchises d'Adémar Fabri* pour en constituer la base de son *Contrat social*. Vous avez découvert non seulement la source de l'idée, mais encore montré sa filiation de *Cruseilles à Genève et de Genève aux mains de Rousseau*. Pour moi, une des conséquences de plus à tirer de votre remarquable factum, c'est que, suivant la belle parole de votre compatriote, Mme de Staël, c'est la liberté qui est ancienne dans le monde et le despotisme nouveau (2). »

Quelques semaines après, je reçus, avec la plus grande surprise, dans une autre lettre de M. Auguste Barbier (3), les lignes suivantes :

(1) M. Auguste Barbier, l'auteur des *Iambes*. Cette correspondance n'a été interrompue que par la mort de l'illustre poète.

(2) Lettre du sept avril 1878.

(3) Lettre du onze juin 1878.

« J'ai communiqué votre intéressant Mémoire « sur Rousseau à un de mes confrères de l'Aca- « démie des sciences morales et politiques. Il le « juge digne d'être mis sous les yeux de la docte « assemblée ; pour cela, il y a une formalité à « remplir, c'est le dépôt à l'Institut de deux « exemplaires de l'ouvrage. — S'il vous plaisait « qu'on en parlât à l'Académie des sciences mo- « rales, veuillez m'en faire parvenir deux exem- « plaires par la poste ; je les remettrai à mon « confrère. »

Au premier moment, j'ignorais même le nom de celui des membres de l'Institut qui avait bien voulu s'intéresser à ce premier Mémoire, le présenter à ses savants collègues, et qui se chargea dès lors de leur présenter les deux autres ; je lui exprime ici toute ma reconnaissance.

Les trois rapports, qu'il adressa successivement à l'Académie, sont réimprimés textuellement, dans le présent volume, et seront lus sans doute, avec un vif intérêt, par les hommes compétents.

Comme le sujet de ces Mémoires et la thèse qu'ils développent ne sont point sans importance, ils ont donné lieu à un certain nombre de comptes-rendus en France, en Belgique, en Suisse, en Italie, en Allemagne et dans d'autres contrées, presque tous très favorables.

Outre les trois Mémoires qu'on réclamait de divers côtés et qui ne se trouvent pas en librairie, nous reproduisons, à leur suite, quelques-uns de ces comptes-rendus, et regrettons que la place ne nous ait pas permis d'en reproduire davantage.

Cette publication ayant trait spécialement aux *idées politiques de Rousseau*, nous n'y insérons pas un quatrième mémoire sur *Adémar Fabri, prince-évêque de Genève*, qui a été imprimé en Italie dans les *Miscellanea* du *Comité royal pour les études historiques* (1). Ce travail, qui a son intérêt, ne concerne que le prince-évêque.

Il sera plus à propos de dire quelques mots, à la fin de ce volume, de la censure, telle qu'elle existait encore à Genève, lorsque le *Contrat social* et l'*Emile* furent brûlés par la main du bourreau, sur ses attributions, son histoire, son origine, sur le rôle qu'elle a joué et qui a été très important. Sans entrer dans les explications détaillées, souvent fort intéressantes, que ce sujet comporterait, une courte notice aura son utilité. Cette triste institution n'existait pas dans la Genève épiscopale, et tout le mérite en appartient au régime nouveau qui date de l'année 1535.

(1) *Miscellanea di Storia Italiana.* Deuxième série. Tome XII.

Académie des sciences morales et politiques, séance du 9 juin 1888.

Journal officiel de la République française, numéro du 16 juin 1888, page 2496.

Premier rapport de M. Nourrisson, de l'Institut, à l'Académie des Sciences morales et politiques

ORIGINE DES IDÉES POLITIQUES DE ROUSSEAU

Par M. Jules VUY

(*Premier mémoire*)

J'ai l'honneur d'offrir à l'Académie, de la part de l'auteur, M. Jules Vuy, ancien président de la Cour de cassation de Genève et actuellement vice-président de l'Institut génevois, une étude sur l'*Origine des idées politiques de Rousseau.*

Il semble qu'il n'y ait guère lieu de recommencer une étude de Rousseau et qu'en tous sens un tel sujet se trouve depuis longtemps épuisé. D'un côté, on s'est permis, à l'endroit de Rousseau, des fantaisies admiratives de toute sorte. D'autre part, on l'a trop souvent et sérieusement étudié pour qu'il y ait, à cette heure, rien de très nouveau à dire sur l'auteur des *Confessions* et du *Contrat social.* Aussi bien ne suffit-il pas de lire avec attention ces deux ouvrages pour apprendre à connaître l'homme en l'estimant ce qu'il vaut, et se faire une juste idée du théoricien dont les maximes exercèrent sur la révolution française une influence si profonde, et, à d'essentiels égards, si pernicieuse.

Toutefois, il est une question sur laquelle, jusqu'à présent, on n'a peut-être pas assez insisté, et qui ne laisse pas pourtant que d'offrir un véritable intérêt. C'est la question de savoir quelle a été l'origine des idées de Rousseau et notamment de ses idées politiques. Or, tel est précisément le problème que s'est posé M. Vuy. Non pas qu'il l'ait abordé dans toute son étendue ni résolu dans son entier. Sans rechercher en effet à la suite de quelles lectures, sous quelles inspirations diverses, par quel concours de circonstances se sont formées les idées politiques de Rousseau, il s'est demandé uniquement, mais c'est là un point capital, quelle a été l'origine de l'idée maîtresse qui domine tout le système du publiciste génevois.

Cette idée, personne ne l'ignore, est l'idée de souveraineté. En dépit des variations où s'égare Rousseau, des obscurités où il s'embarrasse, des contradictions où il se perd à propos de l'idée de souveraineté, il reste, au fond, que pour lui la volonté de tous est la règle suprême, le souverain, la souveraineté. Il s'ensuit qu'à son sens, la souveraineté est indivisible, inaliénable, qu'elle réside essentiellement dans tous les membres du corps social. Conséquemment aussi, la souveraineté et la liberté, sans laquelle la souveraineté n'est pas, ne se perdent jamais, non plus qu'elles ne sauraient jamais être prescrites.

Comment donc Rousseau en est-il venu à concevoir cette idée de souveraineté qui est comme la clef de voûte de son *Contrat social*, et dont on a fait, après lui, un si fréquent et si déplorable abus?

M. Vuy remarque d'abord que si Rousseau, tout fier de son titre aristocratique de citoyen de

Genève, était destiné néanmoins à devenir le législateur de la démocratie, c'est que ses théories allèrent plus loin que ses intentions. Effectivement, il observe ensuite que bien que Rousseau professe parfois « que chaque forme de gouvernement est la meilleure en certains cas et la pire en d'autres, » c'est la constitution de Genève qu'il propose à l'Europe pour modèle, comme aussi c'était presque uniquement à Genève qu'il songeait dans ses spéculations politiques. M. Vuy ajoute enfin, et c'est là en quoi consistent tout ensemble le sujet propre et l'originalité de son travail, que ce fut expressément dans les traditions de sa ville natale que Rousseau puisa son idée de souveraineté. Suivant lui, il l'aurait empruntée aux franchises promulguées dans Genève le 13 mai 1387 par le prince-évêque Adémar Fabri, franchises dont M. Vuy prend même à tâche de signaler, avant Fabri, les premiers commencements, de telle sorte, écrit-il, que « cette idée, d'abord mince filet d'eau, se serait peu à peu agrandie, aurait fini par devenir une rivière au large cours, aux ondes impétueuses, fertilisant tour à tour certains territoires ou n'épargnant point, plus d'une fois, à ses rives les inondations dangereuses. »

Les preuves sur lesquelles M. Vuy se fonde pour soutenir son assertion, sont d'ailleurs de deux sortes. Il allègue, en premier lieu, l'analogie frappante que présente un article des franchises avec la doctrine de la souveraineté énoncée par Rousseau. Il invoque, en second lieu, le témoignage direct de Rousseau lui-même, soit dans ceux de ses écrits qui furent imprimés de son vivant, soit dans ceux qui ne parurent qu'après sa mort, ou dans les pages encore inédites en partie que possède la bibliothèque de Neuchâtel.

Si l'on consulte en effet l'article 78 des franchises octroyées par Adémar Fabri, il est difficile de n'y pas reconnaître en germe l'idée de souveraineté telle qu'elle se trouve développée dans le *Contrat social.* Sans doute Rousseau a outré cette idée. Sans doute aussi, tandis que Fabri abdiquait des prérogatives considérables, afin de rendre plus intime l'union du prince et des gouvernés, par son idée de souveraineté, au contraire, Rousseau oppose d'une manière radicale au gouvernement le peuple. Cependant, que portent les dispositions des franchises ? Aux termes de l'article 78, ces franchises de Genève doiveut durer toujours, elles ne peuvent être ni aliénées ni prescrites. Si elles venaient à être violées, cette violation même ne les détruirait pas. Elles ne seraient pas perdues par le non-usage pendant plusieurs générations. N'est-ce pas là exactement la doctrine de Rousseau ?

D'un autre côté, lorsqu'on parcourt les ouvrages de Rousseau, on l'y voit rempli d'admiration pour les anciennes constitutions de Genève, et, en particulier, pour celles qu'avait données à cette ville Adémar Fabri. C'est ainsi que dans la huitième de ses *Lettres écrites de la montagne*, lettres qui sont autant de réponses aux *Lettres écrites de la campagne* par le procureur général Tronchin et dans lesquelles Rousseau revendique des droits qu'il prétend violés dans sa personne (1), « ces droits si judicieusement combinés,

(1) Relativement aux démêlés de Rousseau avec le gouvernement de Genève, voyez les *Confessions*, partie II, livre XII.

dit-il, ces droits réclamés par les représentants en vertu des édits, vous en jouissiez sous la souveraineté des évêques, Neufchâtel en jouit sous ses princes, et à vous, républicains, on veut les ôter. Voyez les articles 10, 11 et plusieurs autres des franchises de Genève, dans l'acte d'Ademarus Fabri. Ce monument n'est pas moins respectable aux Génevois que ne l'est aux Anglais la Grande Charte encore plus ancienne, et je doute qu'on fût bienvenu chez ces derniers à parler de leur Charte avec autant de mépris que l'auteur des *Lettres écrites de la campagne* ose en marquer pour la vôtre. Il prétend qu'elle a été abrogée par les constitutions de la République. Mais, au contraire, je vois très souvent dans vos édits ces mots : *comme d'ancienneté*, qui renvoient aux usages anciens, par conséquent aux droits sur lesquels ils étaient fondés ; et comme si l'évêque eût prévu que ceux qui devaient protéger les franchises les attaqueraient, je vois qu'il déclare, dans l'acte même, qu'elles seront perpétuelles, sans que le non-usage ni aucune prescription les puissent abolir. » — Mais c'est surtout dans une *Histoire de Genève* qu'avait entrepris d'écrire Rousseau, et qui ne nous est parvenue qu'à l'état d'ébauche, que se rencontrent des passages, jusqu'à ces dernières années inédits, et qui, publiés de son temps, eussent probablement soulevé bien des orages. Car c'est sans restriction et avec un accent de gratitude, que Rousseau y célèbre les mérites du gouvernement épiscopal et ce qu'il y avait d'excellent dans les franchises accordées par les évêques. « Nous savons, écrit-il, que la plus importante révolution qu'ait eue Genève, celle qui a donné naissance à la République, l'a laissée à plusieurs égards telle qu'elle était auparavant, et n'a élevé la liberté même que sur la base du gouvernement épiscopal et de ses franchises. » Et qu'étaient ces franchises? « Les divers articles de ces franchises, continue Rousseau, sont exprimés dans plusieurs déclarations des évêques et notamment dans celle d'Ademarus Fabri, en 1387. Cette pièce authentique et regardée par la bourgeoisie de Genève comme le fondement de sa liberté, contient un grand nombre d'articles qui sont peu de chose, mais il y en a de fort importants. L'évêque y déclare qu'il ne fait que rassembler ou confirmer des franchises si anciennes qu'il n'est mémoire du contraire, en telle sorte que le non-usage ne peut prescrire contre elles, et qu'il ne laisse ni à ses successeurs ni à personne le droit de les révoquer. »

Ailleurs, Rousseau s'exprime ainsi :

« L'origine des franchises et des libertés du peuple de Genève se perd dans la nuit des temps. Dans l'acte célèbre de l'évêque Ademarus Fabri, cet évêque reconnaît lui-même que ces franchises qu'il lui confirme, sont de temps immémorial. Toutefois, on ne saurait supposer que dans les désordres qu'entraîna la ruine de l'empire romain, aucun peuple, aucune ville ait conservé la moindre ombre de liberté. Le système féodal, fondé sur l'esclavage des vaincus, n'était pas propre à la faire renaître. Les évêques, seuls protecteurs du peuple, le tirèrent de la soumission, et les droits municipaux de la ville de Genève ne s'établirent que sur ceux du clergé. Le prince qui devait au peuple sa puissance, paya sa dette avec usure, il fonda la liberté. Elle vint du côté dont on l'aurait le moins attendue. »

« Genève avait à peu près, sous les évêques, les mêmes droits que Neufchâtel a sous ses princes : l'honneur et l'embarras du gouvernement était (*sic*) pour le prélat ; l'avantage et la sûreté était (*sic*) pour le peuple. Au dehors, protégé par son souverain, au dedans, par ses franchises, le Génevois ne craignait ni son maître, ni ses voisins, il était beaucoup plus libre que s'il eût été tout à fait républicain. »

Dans un autre passage, Rousseau va plus loin encore : « L'idée d'aller chercher quelque image de la liberté sous les rois de Bourgogne et sous Charlemagne est chimérique, dit-il. La liberté ne germa que sous l'épiscopat, et les évêques, que le peuple de Genève regarde comme les anciens tyrans de sa patrie, en furent en effet les pères et les bienfaiteurs. »

De ces rapprochements et de ces textes, qu'il a eu raison de citer, M. Vuy n'hésite pas à conclure qu'on ne saurait douter un seul instant que le principe qui est la base du *Contrat social* n'ait été emprunté par Rousseau aux vieilles franchises de Genève.

Peut-être tout le monde ne partagera-t-il pas la conviction absolue que professe à cet égard M. Vuy. Si en effet la théorie de la souveraineté, chez Rousseau, convient avec certaines dispositions des anciennes franchises de Genève, et en particulier de celles de Fabri, l'origine de cette théorie n'est-elle pas fort complexe et ne faut-il pas la rapporter aussi à d'autres influences que subit Rousseau, ou même aux spéculations solitaires de son génie à la fois romanesque et géomètre ?

Quoi qu'il en soit, il n'en reste pas moins que le futur législateur de la démocratie opposait, en plein dix-huitième siècle, les mérites du gouvernement épiscopal à ceux du gouvernement génevois de son temps, et qu'il donnait même la préférence, comme le note très bien M. Vuy, aux institutions des princes-évêques de Genève tels qu'Adémar Fabri, sur les institutions issues de l'époque calviniste. Ce fait, pour déplaisant qu'il puisse paraître à certains sectateurs de Rousseau, demeure désormais un fait indéniable. En le mettant en lumière, M. Vuy nous présente Rousseau sous un jour inattendu en même temps que sous un jour favorable ; car il nous le montre, dans un de ses moments de lucidité et de sincérité, faisant preuve d'une probité historique qui l'honore, sinon de courage, puisque ce n'est point dans les ouvrages imprimés de son vivant que par prudence Rousseau a exprimé sur les vieilles institutions génevoises le fond même de sa pensée.

(*Séances et travaux de l'Académie des Sciences morales et politiques de France.* Décembre 1878. Douzième livraison, pages 904 à 909)

Deuxième rapport de M. Nourrisson, de l'Institut, à l'Académie des Sciences morales et politiques

ORIGINE DES IDÉES POLITIQUES DE ROUSSEAU

(*Deuxième mémoire*)

M. Jules Vuy, ancien président du Grand Conseil et de la Cour de cassation du canton de Genève, vice-président de l'Institut génevois, me charge d'offrir, en son nom, à l'Académie un Mémoire sur l'origine des idées politiques de Rousseau.

Cette publication fait suite à un premier Mémoire que j'ai eu l'honneur de présenter ici même, il y a un peu plus de trois ans.

Dans cette première étude, M. Vuy, recherchant quelle avait été l'origine de l'idée qui domine tout le *Contrat social*, c'est-à-dire, de l'idée de souveraineté, de la souveraineté qui procède de la volonté de tous, qui réside indivisible en chacun, qui ne peut, d'ailleurs, ni s'aliéner ni se prescrire, M. Vuy avait entrepris d'établir par des rapprochements de textes indiscutables, que, de l'aveu même de Rousseau, celui-ci avait, en partie du moins, pour en faire ensuite une universelle application, emprunté cette idée maîtresse aux franchises promulguées en 1387 par le prince-évêque de Genève, Adémar Fabri. Le *Contrat social* parut en 1762.

Or, dans ses nouvelles recherches, M. Vuy, interrogeant avec une sagacité patiente de nombreux documents trop peu consultés, arrive à constater que Rousseau n'avait été, parmi ses compatriotes et contemporains, ni le seul ni le premier à signaler les franchises de Fabri comme le principe de la communauté génevoise. C'est ainsi, notamment, qu'à propos d'un différend qui s'émut à Genève en 1757, à propos d'une taxe sur les bancs de quelques temples, entre le Petit et le Grand Conseil, il nous montre opposant l'un à l'autre des écrits pleins de véhémence, le physicien et géologue Deluc et le procureur général Tronchin. Tandis que Deluc observe, en rappelant non seulement les actes et prérogatives du Conseil Général de 1420, mais aussi et surtout les franchises de Fabri, que le régime épiscopal avait été pour Genève beaucoup plus libéral que le régime inauguré par Calvin, lequel avait changé la république en aristocratie, où c'était avec l'inégalité la plus choquante que les droits demeuraient répartis entre les citoyens, les bourgeois, les natifs, les habitants, les domiciliés, les étrangers, Tronchin déclare, au contraire, qu'invoquer une souveraineté consacrée par un acte passé du temps des évêques, plus de cent cinquante ans avant que Genève eût une constitution, c'était poser un principe destructif, non pas uniquement du gouvernement génevois, mais de tous les gouvernements du monde.

C'était également, comme étant essentiellement révolutionnaire, que Tronchin devait combattre dans ses *Lettres écrites de la campagne*, auxquelles répondirent les *Lettres écrites de la mon-*

tagne, la doctrine exposée par Rousseau dans le *Contrat social.* Et effectivement, Rousseau qui, aussi bien en sa qualité de citoyen de Genève, avait, avant de s'afficher démocrate, affirmé très haut « qu'il préférait l'aristocratie à tout autre gouvernement », Rousseau, d'une idée de souveraineté protectrice de la liberté de chacun, avait fini par faire une idée de souveraineté oppressive des droits de tous.

C'est pourquoi M. Vuy conclut, non sans raison, que, s'il y avait quelque nouveauté à démontrer que c'était à la législation du moyen âge et particulièrement à la législation épiscopale, qu'il fallait rapporter la source première de la théorie de la souveraineté que Rousseau avait professée avec tant d'éclat en la dénaturant, et où ses compatriotes et contemporains avaient avec lui ou même avant lui, trouvé un thème d'ardentes discussions, il ne serait pas moins intéressant, peut être, d'examiner comment l'idée d'Adémar Fabri, qui était sage et libérale, qui comportait l'union et la concorde entre la population et le pouvoir, est devenue plus tard une idée radicale et hostile aux gouvernements, comme aussi de déterminer quelles causes ont produit cette transformation et quels événements ont contribué à l'établir. Ces questions sont assurément d'une grande importance, et il est à désirer qu'après se les être posées, M. Vuy s'applique à les résoudre. Elles sont dignes de son rare savoir, de l'élévation de son esprit et de l'impartialité de sa critique.

(*Séances et travaux de l'Académie des Sciences morales et politiques de France.* Avril-mai 1882, pages 776-778.)

Troisième rapport de M. Nourrisson, de l'Institut, sur l'origine des idées politiques de Rousseau

(*Troisième mémoire*)

« M. *Nourrisson*. Je demande à l'Académie « la permission de rappeler que j'ai eu à lui faire « hommage, à plusieurs années d'intervalle, de « deux Mémoires sur l'*Origine des idées politi-* « *ques de Rousseau* par M. Jules Vuy, ancien « président du Grand Conseil et de la Cour de « Cassation du canton de Genève, vice-président « de l'Institut génevois.

« Ces deux Mémoires ont été attaqués non sans « passion par des publicistes d'outre-Rhin (1).

« Aujourd'hui, M. Vuy vient de faire paraître « un troisième Mémoire qui est un complément « et une justification des premiers, en même « temps qu'il leur sert de conclusion.

(1) L'auteur de cette attaque violente se place sur un terrain *sectaire*; il s'inspire de vieux préjugés qui s'abritent derrière lui et n'osent se produire au grand jour. D'autres écrivains allemands ont émis une opinion très opposée à la sienne.

Le savant directeur de la revue qui a publié son travail (M. H. Treitschke) a fait, d'ailleurs, toutes réserves à ce sujet, ne partageant pas sur Rousseau la manière de voir de l'auteur.

Ajoutons que celui-ci a, sans le vouloir, jugé M. Vuy digne d'un grand honneur, absolument inattendu, en le comparant au célèbre historien allemand, M. Jean Janssen.

(*Note de l'éditeur.*)

« En attendant que je puisse parler de ce tra-
« vail avec les développements qu'il réclame (1),
« j'ai l'honneur de le déposer sur le bureau. *Ce*
« *Mémoire est mince par le volume, mais, j'ose*
« *le dire, considérable par l'originalité des vues*
« *et la sagacité des recherches.* »

(*Séances et travaux de l'Académie des sciences morales et politiques. Institut de France.* 1883. Neuvième livraison, pages 438, 439.)

(1) L'illustre académicien a tenu largement parole en publiant, sur *la politique de Rousseau*, deux articles remarquables par l'étendue de la science et la richesse des aperçus (*Correspondant* du 25 août et du 10 septembre 1883). Voici les premières lignes de cette belle étude :

« De précédents travaux de M. Vuy sur l'Origine des idées po-
« litiques de Rousseau ont été ici même, il y a quelques années,
« exposés et appréciés avec une entière compétence (*Correspon-*
« *dant* du 25 juillet 1878). Nous voudrions aujourd'hui faire
« connaître les nouvelles recherches qui servent tout ensemble,
« aux publications antérieures de M. Vuy sur le même sujet, de
« complément et de conclusion, en même temps qu'elles attestent
« une fois de plus la sagacité savante, l'érudition solide et origi-
« nale, la justesse et l'élévation d'esprit de leur auteur. Ce sera
« étudier d'assez près, croyons-nous, la politique du *Contrat so-*
« *cial* et les surprenantes vicissitudes des idées que comprend
« cette trop fameuse composition. »

(*Note de l'éditeur.*)

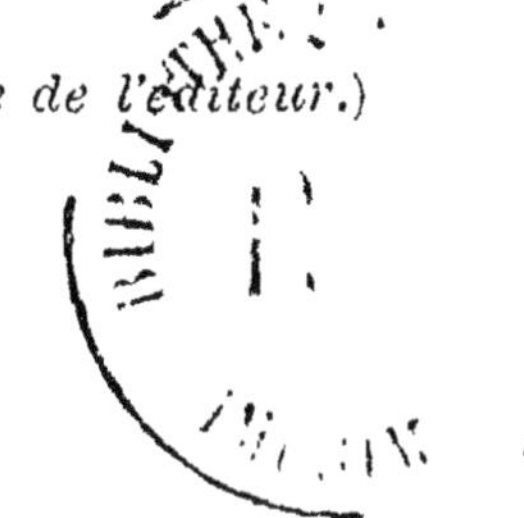

ORIGINE

DES

IDÉES POLITIQUES DE ROUSSEAU (1)

> « En majeure partie, les hommes ne savent ni remonter ni redescendre le cours des idées ; ils se contentent de les voir passer comme l'eau, et se moquent volontiers de ceux qui leur disent qu'en naissant cette eau fut une goutte, et qu'à son terme elle sera un torrent. »
>
> Auguste Cochin.

I

Un écrivain français, rendant compte, il y a environ seize ans, de l'*Almanach de Jean-Jacques Rousseau pour 1861*, publié par un Chancelier du Canton de Genève, s'exprimait ainsi :

« Rousseau fut éminemment un philoso-
« phe, c'est-à-dire un esprit qui pensait par
« lui-même, un esprit créateur.

(1) Ce mémoire a été lu, à Genève, dans la séance générale de l'Institut genevois, le 24 mai 1877, et, à Lausanne, dans la séance annuelle de la Société d'histoire de la Suisse romande, le 7 juin de la même année.

« Cependant, dans l'ordre des idées, on ne « crée jamais tout seul et indépendamment « de diverses traditions intellectuelles, que « l'on anime d'un souffle original pour les « rendre fécondes. Descartes a eu des précé- « dents..... Rousseau doit avoir les siens ; « quelques-uns sont faciles à reconnaître ; et « Jean-Jacques Rousseau serait convenu « sans peine qu'on pouvait regarder Fénélon « comme un de ses pères intellectuels. Mais « il en a eu d'autres et probablement en « grand nombre. Quels sont-ils ? à quelle tra- « dition se rattache-t-il ?

« Voilà des questions d'un suprême intérêt « pour quiconque veut sonder les origines « de la révolution française, et même de la « pensée moderne, et c'est aux érudits de Ge- « nève qu'il appartient, entre tous, de les ré- « soudre (1). »

L'auteur que je viens de citer se place essentiellement, comme on le voit, sur le terrain politique ; il voudrait, à l'aide de Rous-

(1) J.-B. Jourdan. *Messager de Genève*, numéro du 31 octobre 1861.

seau, *sonder les origines de la révolution française.*

S'il est vrai, ainsi que l'a dit avec quelque raison, Georges Sand, non toutefois sans une exagération extrême, *que Rousseau a fait la révolution française* (1), il en résulte, naturellement, que la question posée est loin d'être oiseuse, elle a son importance ; tout travail qui tend à l'élucider, même de la part d'un homme qui n'a point la prétention d'être un érudit, ne saurait être indifférent.

C'est à ce titre que je me propose aujourd'hui, à une époque où l'on parle beaucoup de l'auteur du *Contrat social,* de rechercher, avec impartialité, froidement, si je puis m'exprimer ainsi, brièvement, autant que possible, quelle est l'origine de l'idée la plus saillante du système politique de Rousseau, quelle est la source à laquelle il l'a puisée, d'où venait cette source elle-même, ce que Jean-Jacques ignorait selon toute vraisemblance.

(1) « La grande révolution française, qui a commencé leur émancipation, savent-ils, les enfants du peuple, que c'est à Jean-Jacques qu'ils la doivent ? » *Revue des Deux-Mondes.*

En construisant ses théories, qui allèrent plus loin que sa pensée, que son intention première, Rousseau songeait uniquement à son pays natal ; en vain s'enorgueillissait-il de sa qualité de *citoyen*, qui était alors en réalité un titre aristocratique, en vain se préoccupait-il avant tout de sa patrie dans le *Contrat social*, il allait devenir bientôt le législateur de la démocratie militante; sous ce rapport, la recherche que j'essaie en ce moment a peut-être une portée plus étendue qu'il ne semble au premier abord (1).

Quel est au fond le système politique de Rousseau ? quelle est l'idée essentielle qui en est comme la base ?

La volonté de tous, dit-il, est l'ordre, la règle suprême ; cette règle générale et personnifiée est ce qu'il appelle le souverain. « Il « suit de là que la souveraineté est indivisi-« ble, inaliénable, et qu'elle réside essentiel-« lement dans tous les membres du corps. » L'idée de ce passage, que j'emprunte à l'une

(1) L'Herminier. *Introduction générale à l'histoire du droit*. p. 329, 330.

de ses *Lettres écrites de la Montagne* (1), se retrouve dans bien des pages de Rousseau, surtout dans le *Contrat social.*

« La souveraineté n'étant que l'exercice de « la volonté générale, ne peut jamais s'alié- « ner, et... le souverain, qui n'est qu'un être « collectif, ne peut être représenté que par « lui-même (2). »

Ailleurs : « Le corps politique ou le sou- « verain, ne tirant son être que de la sain- « teté du contrat, ne peut jamais s'obliger, « même envers autrui, à rien qui déroge à « cet acte primitif, comme d'aliéner quelque « portion de lui-même, ou de se soumettre « à un autre souverain. Violer l'acte par le- « quel il existe serait s'anéantir ; et ce qui « n'est rien ne produit rien (3). » — « Par « la même raison que la souveraineté est « inaliénable, elle est indivisible (4). »

Ailleurs encore : « L'autorité suprême ne « peut pas plus se modifier que s'aliéner ;

(1) Sixième lettre.

(2) *Contrat social,* livre deuxième, chapitre premier.

(3) *Contrat social,* livre premier, chapitre septième.

(4) *Contrat social,* livre deuxième, chapitre deuxième.

« la limiter, c'est la détruire. Il est absurde « et contradictoire que le souverain se « donne un supérieur; s'obliger d'obéir à « un maître, c'est se remettre en pleine li- « berté (1). »

Cette idée, vous la constatez dans de nombreux passages de ses écrits; il serait donc oiseux de faire d'autres citations. C'est la clé de voûte du système. Retranchez-la, supprimez la; rien ne tient, tout le système s'écroule.

Aussi, sans entrer dans d'autres développements, est-il permis de dire, les œuvres de Jean-Jacques Rousseau à la main, notamment le *Contrat social*, que la souveraineté et la liberté ne se perdent pas, qu'elles ne périssent point, qu'elles ne peuvent être aliénées, qu'elles ne sauraient être prescrites. L'indifférence et l'apathie peuvent bien les laisser parfois sommeiller, elles peuvent être momentanément étouffées par la ruse, par l'audace, par la force ou la violence; elles n'en existent pas moins toujours. Des cir-

(1) *Contrat social*, livre troisième, chapitre seizième.

constances de natures diverses peuvent les empêcher de se produire ; le droit persiste. Tel est le système.

Ce système remuait tout, de fond en comble, dans sa patrie ; nul ne le sentait mieux que lui. « Il ne fallait pas approcher le « flambeau durant l'orage, porte une de ses « lettres, mais aujourd'hui le feu est à la « maison (1). »

Et, répondant à son habile et puissant adversaire, au procureur général, Jean-Robert Tronchin, à ce magistrat « particulière« rement redoutable par le crédit que lui « avaient acquis ses lumières, par le ton de « grandeur que lui donnait sa fortune et « surtout par ses talents (2), » Rousseau disait à ses compatriotes : « On fouille avec « érudition dans l'obscurité des siècles, on « vous promène avec faste chez les peuples « de l'antiquité. On vous étale successive« ment Athènes, Sparte, Rome, Carthage ; « on vous jette aux yeux le sable de la Ly-

(1) *Première Lettre écrite de la montagne.*
(2) Fr. D'Yvernois. *Révolutions de Genève.*

« bie pour vous empêcher de voir ce qui « se passe autour de vous (1). »

Le procureur général lui-même comprenait toute la portée de ce systéme; suivant ses propres expressions, il n'eut pas la *lâcheté de dire qu'il ne craignait rien*, lorsqu'il voyait *un nuage assez épais s'élever de la cendre seule d'un livre* (2), mais il ne songeait qu'à Genève.

Après le publication du *Contrat social,* au contraire, tour à tour bien ou mal comprise, trahie plus d'une fois par ses propres partisans, par ses plus ardents défenseurs, la liberté exista désormais à l'état de théorie, de principe abstrait revendiqué par l'humanité en bloc, pour tous les peuples, même pour ceux qui n'en voulaient ou n'en savaient jamais user (3). Si Rousseau avait eu directement en vue Genève, ses luttes intestines si longues, si passionnées, si opiniâtres, ses écrits jetés sur un plus grand théâtre,

(1) *Neuvième Lettre écrite de la montagne.*

(2) *Lettres écrites de la campagne.*

(3) J'emploie ici, dans un sens différent, les termes de Montalembert : *Les Moines d'Occident* (introduction).

lus de l'Europe entière, eurent, je le répète, une portée immense que lui-même dans le principe ne soupçonnait pas. Il ne s'agissait plus seulement de *tempêtes dans un verre d'eau.*

Or, cette idée saillante, qui est comme la maîtresse colonne de son système, qu'il a développée avec talent, à laquelle il a donné tout le prestige de son génie, cette idée, qu'il a rendue populaire, ne lui appartient pas. Elle n'est pas de lui, il ne l'a point inventée; en lui donnant une direction nouvelle, en la rajeunissant, il l'a puisée dans les anciennes traditions nationales, dans les vieux souvenirs patriotiques de sa ville natale.

Elle est empruntée, sans aucun doute possible, aux franchises promulguées dans Genève, le 13 mai 1387, par le prince-évêque Adémar Fabri; c'est ce qui résulte, soit de la comparaison d'un des articles des franchises genevoises avec le *Contrat social,* soit des écrits de Rousseau, non-seulement de ceux qu'il a publiés lui-même, mais encore de ceux qui étaient inédits au moment de son décès et qui le sont encore en partie aujourd'hui. On peut tirer la même conclusion des *Lettres écrites de la campagne*, dans lesquelles le procureur général lutta, non sans talent, contre *un citoyen autrefois condamné par les conseils*, ainsi qu'il se plaisait à le rappeler, et qui allait bientôt acquérir une renommée européenne.

Que l'on étudie de près, d'une manière sérieuse et impartiale, la charte de franchise d'Adémar Fabri, tous les documents antérieurs qui s'y rapportent et qui ont trait à l'histoire de Genève, qu'on tienne compte, en faisant ce travail, des franchises accordées à diverses villes de nos contrées, de celles aussi de plusieurs cités impériales comme Genève, et l'on se convaincra que la charte d'Adémar Fabri se compose de deux espèces de dispositions, à certains égards fort différentes.

Les unes, ou, pour parler plus exactement, la plupart de ces dispositions avaient reçu depuis longtemps leur application dans Genève, elles y étaient naturalisées depuis bien des années, elles étaient familières à tous les citoyens ; elles existaient de temps immémorial, c'est-à-dire depuis plusieurs générations. L'évêque Adémar Fabri les fit réunir, coordonner en une charte unique, après des débats sérieux qui présentaient la plus grande garantie. Les autres dispositions, beaucoup moins nombreuses, mais d'une haute importance, avaient été jusqu'alors inconnues dans Genève; elles n'y furent introduites qu'en l'année 1387 (1) ; sous ce dernier rapport, Adémar Fabri fut, dans Genève, véritablement novateur. Aussi son nom est-il devenu populaire ; « il n'y a que les hommes « qui sont de leur temps qui agissent puis- « samment sur l'opinion (2). »

(1) « Adémar.... en confirmant les anciennes ordonnances, *en « ajouta quelques-unes.* » Lévrier, *Chronologie des comtes de Genevois*, tome I, p. 245. « Fille de la liberté, notre cité « républicaine ne peut oublier, sans renier son berceau, que c'est « dans les *Franchises* communales *dont Adémar Fabri lui « accorda*, il y a près de cinq siècles, la *confirmation* ou la « *concession*, qu'elle a puisé les premiers principes de son in- « dépendance, et que c'est à son école que ses citoyens se sont « formés pour acquérir plus tard leur plein affranchissement. Sans « les franchises municipales de 1387, Genève n'eût jamais pos- « sédé la liberté politique. » *Les Bustes de l'Athénée* (1863).

(2) Cormenin.

Ceux qui n'ont voulu voir, dans son œuvre, qu'une simple codification des anciennes coutumes de la ville du Léman, sans travail nouveau, sans idées nouvelles, n'ont point compris le côté essentiellement original de nos anciennes franchises. En m'exprimant ainsi, je fais surtout allusion à l'article 78 de la charte de 1387, dont on chercherait vainement trace dans les documents genevois antérieurs à cette époque. Je reproduis ici cet article dans la vieille traduction française que fit, en 1455, Michel Monthyon, citoyen de Genève ; je la reproduirai plus bas dans son texte original.

« *Que les sindiques ne usent desdites franchises que pourtant elles ne soient point perdues.*

« *Item* que se les dessusditz citoyens de geneue qui par le temps présent sont et seront au temps aduenir procureurs de ladite cite des dessusditz priuilèges et franchises en tous leurs chapitres ou en aulcuns deulx n'en usent : que pourtant lesditz citoyens et communite par lespace de trente ans, quarante ans, cinquante ans, ou plus ne soient pas perdus, ne ne leur puisse encourre pres-

« cription de temps. Et se nous ou nostres
« officiers qui par le temps aduenir venoient
« au contraire en tout ou en partie de ces
« privileges : ou quil attentassent de uenir au
« contraire que pourtant ils ne deussent ne
« ne peussent ausditz citoyens, clercz et com-
« munite porter preiudice quelconque : ne
« alleguer prescription de temps sinon en
« tant quil seroit du consentement et vou-
« lente desditz citoyens de ladite commu-
« nite. »

Aux termes des dispositions que renferme cet article, les franchises de Genève doivent durer toujours, elles ont ce caractère de perpétuité que le moyen âge aimait tant à donner à toutes les institutions, elles ne peuvent être ni aliénées ni prescrites (1). Si elles venaient à être violées, cette violation même ne les détruirait pas. Elles ne seraient pas perdues par le non-usage pendant deux ou plusieurs générations. C'est exactement le système de Rousseau; seulement, celui-ci a dirigé sa théorie dans un sens fort différent, il l'a for-

(1) Abusus enim perpetuo clamat.

mulée d'une manière plus radicale, plus extrême que l'article de nos vieilles franchises, dont l'existence, en une charte du quatorzième siècle, éveillera, dans plus d'un esprit, une véritable surprise.

C'est donc dans la charte de franchise de 1387, remise en honneur par lui en plein dix-huitième siècle, que Rousseau a puisé l'idée fondamentale du *Contrat social;* le procureur général Tronchin ne s'y trompait pas; il s'appuyait, pour combattre cet ouvrage qui devait être brûlé par le bourreau, pour en atténuer la portée et les conséquences, sur les préjugés encore vivaces de ses concitoyens contre l'époque épiscopale.

A plusieurs reprises, dans ses *Lettres écrites de la campagne,* il reproche à Rousseau d'avoir emprunté ses idées à cette charte nationale qui était loin d'inspirer au magistrat génevois un bien grand respect. Après avoir signalé les inconvénients et les dangers du système présenté par Jean-Jacques, il s'écrie : «..... Cette ochlocratie tumultueuse dériverait « de la loi fondamentale! On la fonderait sur

« des actes de 1387 et de 1420 (1)! — On l'au-
« rait ramassée dans ces temps ténébreux où
« on n'apercevait pas encore un corps de
« Bourgeoisie, puisqu'elle y marche collatéra-
« lement avec le reste des Habitants (2) ! »

Dans un autre passage de ses lettres, il est plus significatif encore :

« On s'enfonce, s'écrie-t-il, dans le quator-
« zième et quinzième siècle pour y trouver
« l'esprit de notre Constitution. On la cher-
« che dans les franchises d'Ademarus Fabri
« en 1387, dans un acte de 1420 où les Natifs
« et Habitants figurent en égalité avec les Ci-
« toyens et les Bourgeois... Il ne faut pas es-
« pérer d'en être cru sur une simple asser-
« tion, ou sur un commentaire d'imagination
« appuyé sur des actes de 1387 et de 1420.....
« Est-ce, en effet, en 1387, lorsque la ville
« avait en réalité des franchises, mais non
« pas une Constitution, qu'il faut chercher la
« Constitution?..... Y a-t il de la prudence à ci-
« ter cet acte de 1420, où les Citoyens et

(1) Allusion au célèbre Conseil général de 1420.

(2) P. 95.

« Bourgeois sont confondus avec les Natifs « et Habitants ?.... Il serait non-seulement inu- « tile, mais encore très dangereux de cher- « cher les principes de notre Gouvernement « dans les temps où nous avions un Evêque « et point de lois, et dans des exemples dont « la preuve est pour le moins très obscure et « très équivoque (1). »

La lutte de Rousseau avec ses adversaires se reportait ainsi du dix-huitième au quatorzième, au quinzième siècle. Deux tendances opposées se rencontraient face à face, deux principes dont l'un mettait l'autre à néant. Les deux publicistes sentaient bien que les franchises de 1387, dont Rousseau provoquait la renaissance sous une autre forme, étaient l'origine et la base du *Contrat social*. Aussi étaient-elles discutées tour à tour en des sens diamétralement contraires, et par l'auteur éminent qui battait en brèche, par ses théories, le gouvernement contemporain de Genève, et par le jurisconsulte habile qui s'efforçait de défendre et de soutenir les ins-

(1) P. 45-47.

titutions solides encore en apparence, mais chancelantes déjà, de son pays. Ces institutions, qui avaient été longtemps debout, à l'époque du régime calviniste pur, allaient bientôt sombrer sous le coup des idées nouvelles ou plutôt d'idées anciennes mises en relief par Rousseau ; elles allaient incessamment s'écrouler au souffle des révolutions.

Rousseau acceptait franchement, quoique avec certaines précautions et une prudente réserve, le terrain sur lequel se plaçait son adversaire, quoique ce terrain ne lui fût point favorable, on ne peut en disconvenir, aux yeux de la plus grande partie de ses concitoyens, en donnant à cette expression le sens plus étendu que nous lui donnons aujourd'hui. N'était-ce pas en effet une chose inouïe, dans Genève, que de voir celui qu'on allait bientôt proclamer le législateur de la démocratie avancée, opposer ouvertement, dans la seconde moitié du dix-huitième siècle, les mérites du gouvernement épiscopal à ceux du gouvernement genevois de son temps, donner aux institutions qui existaient sous les princes-évêques de Genève, la préférence sur celles qui étaient issues de l'époque calviniste ? Le passage suivant, extrait de la *huitième Lettre écrite de la montagne*, est, sous ce rapport, un passage saillant ; il vaut la peine de le relire, je le reproduis textuellement :

«... Ces droits si judicieusement combinés, « ces droits réclamés par les Représentants « en vertu des Édits, vous en jouissiez sous « la souveraineté des Évêques, Neufchâtel « en jouit sous ses Princes, et à vous Répu- « blicains on veut les ôter ! Voyez les arti- « cles 10, 11 et plusieurs autres des fran- « chises de Genève, dans l'acte d'Ademarus « Fabri. Ce monument n'est pas moins res- « pectable aux Génevois que ne l'est anx An- « glais la grande Charte encore plus ancienne « et je doute qu'on fût bienvenu chez ces « derniers à parler de leur Charte avec au- « tant de mépris que l'auteur des Lettres ose « en marquer pour la vôtre.

« Il prétend qu'elle a été abrogée par les « Constitutions de la République. Mais, au « contraire, je vois très souvent dans vos « Édits ce mot, *comme d'ancienneté*, qui ren-

« voye aux usages anciens, par conséquent « aux droits sur lesquels ils étaient fondés ; « et comme si l'Evêque eût prévu que ceux « qui devoient protéger les franchises les at- « taqueroient, je vois qu'il déclare dans l'Acte « même, qu'elles seront perpétuelles, sans « que le non-usage ni aucune prescription les « puisse abolir (1). »

Ces quelques lignes, à elles seules, indiquent, mieux que toutes mes paroles, quels changements profonds s'étaient opérés dans les esprits. Ces franchises de 1387, dont Genève jouissait sous la souveraineté épiscopale, sont, pour la ville du Léman, ce qu'est la grande Charte pour les Anglais. Le non-usage et la prescription n'ont pu les abolir ; peu importe que l'auteur des *Lettres écrites de la campagne* en parle de haut et avec dédain, elles sont là comme un droit et une menace, comme un glaive suspendu pour toujours sur la tête du gouvernement qui a condamné l'*Emile* et le *Contrat social.* Rousseau les défend avec ardeur, on dirait que c'est son œu-

(1) Edition originale, volume II, p. 144, 145.

vre propre ; c'est là en effet qu'il a puisé ses armes les plus terribles : il renverse sans pitié, en quelques lignes, toutes les théories qu'on lui oppose, sa vengeance est implacable (1).

Ces franchises qu'on s'efforçait de tenir dans l'oubli reprennent vie ; on les recherche avidement. L'édition gothique de 1507, qui resta la seule pendant 260 ans (2), a presque

(1) Contrairement à ce qu'il dit dans ses *Confessions*, il ne s'agit plus de ménagements ni d'égards envers l'autorité de son pays. « Quelle est la nature du gouvernement propre à former « le peuple le plus vertueux, le plus éclairé, le plus sage, le « meilleur enfin, à prendre ce mot dans son plus grand sens ? « J'avais cru voir que cette question tenait de bien près à cette « autre-ci, si même elle en était différente : Quel est le gouver« nement qui, par sa nature, se tient toujours le plus près de la « loi ? De là, qu'est-ce que la loi ? et une chaîne de questions de « cette importance. Je voyais que tout cela menait à de grandes « vérités, utiles au bonheur du genre humain, mais surtout à ce« lui de *ma patrie, où je n'avais pas trouvé, dans le « voyage que je venais d'y faire, les notions des lois et « de la liberté assez justes, ni assez nettes à mon gré ; et, « j'avais cru cette manière indirecte de les leur donner, « la plus propre à ménager l'amour-propre de ses mem« bres, et à me faire pardonner d'avoir pu voir là-dessus « un peu plus loin qu'eux.* » *Confessions*, Partie II, Livre IX.

« Rien n'est plus libre que votre état légitime, écrit-il dans la « septième *Lettre de la montagne* ; rien n'est plus servile que « votre état actuel. »

(2) E. Mallet. *Mémoires et Documents de la Société d'histoire et d'archéologie de Genève*, tome II, p. 307.

entièrement disparu ; comme il est impossible aux novateurs d'avoir à leur disposition le parchemin original soigneusement dissimulé dans les archives et qui n'a été publié que de notre temps, Genève voit paraître, en 1767, une édition des franchises, en latin et en français moderne, d'après la bulle de Confirmation de Félix V, du célèbre ancien duc de Savoie, Amédée VIII (22 mai 1444) (1).

Seulement, qu'on veuille bien nous permettre une remarque : quelle différence entre le rôle joué, dans le quatorzième siècle, par Adémar Fabri, et le rôle plus passionné de Rousseau dans le dix-huitième ! Ici, c'est le prince-évêque qui, spontanément, se dépouille lui-même, pour ainsi dire, des prérogatives essentielles de sa souveraineté ; il met à son pouvoir des limites que personne n'aura

(1) *Coutumes, ordonnances, franchises et libertés de la Ville de Genève, recueillies et publiées en l'année 1387 par Adémar Fabry, prince et évêque de l'Eglise et de la dite Ville de Genève. Confirmées par Félix V, administrateur de cette Eglise en 1444, imprimées, et traduites littéralement, sur une copie collationnée anciennement avec la Bulle originale par deux notaires publics.* MDCCLXVII.

le droit de franchir. Sous la forme d'une concession volontaire, il fait une véritable abdication, il la consacre, en quelque sorte, à son propre préjudice. C'est une vraie révolution inaugurée pacifiquement dans Genève par le souverain lui-même. Adémar Fabri, on peut le dire, a déchiré plus ou moins, en faveur de sa ville épiscopale, le vieux parchemin féodal.

Le rôle de Rousseau est tout autre; le mouvement qu'il prêpare, le système qu'il popularise ont un but diamétralement opposé. Rousseau s'empare des principes d'Adémar Fabri pour saper le pouvoir; il établit désormais, entre le gouvernement génevois et la masse du peuple, une lutte bien tranchée, décisive, il met la cognée, suivant l'expression du procureur général Tronchin, à la racine de tous les gouvernements Les franchises d'Adémar Fabri organisaient, constituaient, au contraire, une union intime, un lien des plus solides entre la nation génevoise et Adémar Fabri. Ne nous étonnons donc point que, malgré des préjugés séculaires, le nom du prince-évêque du quatorzième siècle soit resté populaire parmi nous.

Ajoutons encore, pour être un peu moins incomplet, que Rousseau, tenant compte de ces préjugés, n'a point exprimé le fond même de sa pensée sur les vieilles institutions génevoises, dans les ouvrages imprimés de son vivant ; peut-être nous sera-t-il permis de la compléter par quelques passages de ses œuvres inédites, spécialement par deux ou trois citations empruntées aux manuscrits que possède la bibliothèque de Neuchâtel.

On n'ignore point que l'auteur du *Contrat social* se proposait d'écrire l'histoire de Genève et qu'il avait fait, dans cette intention, des recherches étendues. Ce travail n'a jamais été terminé, mais nous en possédons une ébauche qui paraît fort achevée, et dans laquelle le sentiment intime de Rousseau se manifeste avec plus de naturel et d'abandon que dans les écrits qu'il a publiés lui-même. La démonstration que je me proposais de faire et qui résulte suffisamment de ce qui précède, ressortira avec plus d'évidence encore, avec plus de relief, de la lecture de ces pages qui auraient, selon toute probabilité, soulevé, de son temps, dans Genève, de véritables tempêtes. Il nous donne lui-même la clef de ses études politiques sur Genève; nous pourrons suivre de nos yeux sa méthode et voir comment a pris naissance et faveur dans son esprit le système dont il s'est fait le défenseur.

«..... Pour bien étudier les lois politiques « d'un état moderne, il ne faut point com« mencer par les prendre en corps pour les « analyser ensuite, mais..... il faut, au con« traire, les prendre à leur origine et suivre « l'ordre de leur composition. Car on n'en « peut bien pénétrer l'esprit qu'à l'aide des « circonstances qui les ont produites et des « effets que ceux qui les ont faites s'en « sont promis.

« Cela est vrai surtout des petits gouver« nements qui, comme celui de Genève, « toujours agité, mais à l'abri des violents « orages, ont duré dans des mouvements « continuels, sans éprouver de grandes ré« volutions.

« Et nous savons en effet que la plus im-
« portante qu'ait eu cette ville, celle qui a
« donné naissance à la république, l'a lais-
« sée à plusieurs égards telle qu'elle était
« auparavant et n'a élevé la liberté même
« que sur la base du gouvernement épis-
« copal. Je suis donc obligé, pour expliquer
« le gouvernement présent, de remonter à
« sa source et d'éclaircir souvent ce qui
« existe par ce qui s'est passé depuis fort
« longtemps (1). »

Rousseau revient, d'ailleurs, à plusieurs reprises, dans ses manuscrits, sur les franchises de Genève et sur les mérites de l'épiscopat. En voici quelques exemples :

« Les divers articles de ces franchises sont
« exprimés dans plusieurs déclarations des
« évêques et notamment dans celles d'Ade-
« marus Fabri, en 1387. Cette pièce authen-
« tique et regardée par la bourgeoisie de Ge-
« nève comme le fondement de sa liberté,
« contient un grand nombre d'articles qui
« sont peu de chose, mais il y en a de fort

(1) *Revue suisse* (Neuchâtel), année 1861, p. 59.

« importants. L'évêque y déclare qu'il ne « fait que rassembler ou confirmer des fran- « chises si anciennes qu'il n'est mémoire du « contraire, en telle sorte que le non-usage « ne peut prescrire contre elles, et qu'il ne « laisse ni à ses successeurs ni à personne le « droit de les révoquer (1). »

Ailleurs, il s'exprime ainsi :

« L'origine des franchises et des libertés « du peuple de Genève se perd dans la nuit « des temps. Dans l'acte célèbre de l'évêque « Ademarus Fabri, cet évêque reconnaît lui- « même que ces franchises qu'il lui confirme « sont de temps immémorial. Toutefois, on « ne saurait supposer que dans les désordres « qu'entraîna la ruine de l'empire romain, au- « cun peuple, aucune ville ait conservé la « moindre ombre de liberté (2). Le système « féodal, fondé sur l'esclavage des vaincus, « n'était pas propre à la faire renaître. Les

(1) *Revue suisse* (Neuchâtel), année 1861, p. 463, 461. — Rousseau paraît ne pas se douter des innovations que renferment les franchises de 1387.

(2) La science moderne a prouvé que cette assertion n'est pas exacte.

« évêques, seuls protecteurs du peuple, le
« tirèrent de la soumission, et les droits mu-
« nicipaux de la ville de Genève ne s'établi-
« rent que sur ceux du clergé. Le prince, qui
« devait au peuple sa puissance, paya sa dette
« avec usure, il fonda la liberté. Elle vint du
« côté dont on l'aurait le moins attendue.

« Genève avait à peu près, sous les évê-
« ques, les mêmes droits que Neuchâtel a
« sous ses princes : l'honneur et l'embarras
« du gouvernement était (*sic*) pour le prélat;
« l'avantage et la sûreté était (*sic*) pour le
« peuple. Au dehors, protégé par son souve-
« rain, au dedans, par ses franchises, le Gé-
« nevois ne craignait ni son maître ni ses
« voisins, il était beaucoup plus libre que s'il
« eût été tout à fait républicain (1). »

Dans un autre passage, Rousseau va plus loin encore et il exprime, en termes très nets, le fond de sa pensée; il n'est pas inutile de dire que je continue à le citer textuellement :

«... L'idée d'aller chercher quelque image
« de liberté sous les rois de Bourgogne et

(1) *Revue suisse* (Neuchâtel), année 1861 ; p. 461, 462.

« sous Charlemagne est chimérique. La li-
« berté ne germa que sous l'épiscopat, et *les*
« *évêques, que le peuple de Genève regarde*
« *comme les anciens tyrans de sa patrie, en fu-*
« *rent en effet les pères et les bienfaiteurs* (1). »

A quoi bon, après cette série de passages des plus significatifs, multiplier encore les citations ? On a eu raison de le dire et je le répète à dessein : pour bien comprendre les idées politiques de Rousseau, il faut étudier et approfondir l'histoire de Genève; ce sera, pour les œuvres de l'auteur du *Contrat social*, le meilleur des commentaires, comme ses écrits eux-mêmes sont un des meilleurs commentaires de cette histoire (2).

(1) *Revue suisse* (Neuchâtel), année 1861, p. 43. — C'est, en d'autres termes, la même idée que celle de Senebier, dans son *Histoire littéraire de Genève*, lorsqu'il s'exprime ainsi : « Ne « craignons pas de le dire, la prudence, la sagesse, le savoir, la « fermeté, le courage de la plupart des évêques de Genève ont as- « suré aux Génevois cette précieuse liberté qui a fait envier leur « sort de toutes les nations du monde. » Et plus loin : « Genève « eut le bonheur d'avoir souvent des évêques qui se distinguè- « rent autant par leurs lumières que par leur patriotisme; et « quoiqu'ils lui aient tous été étrangers par leur naissance, on peut « dire avec justice que le plus grand nombre y prit un cœur ci- « toyen. » Tome I, p. 26, 27.

(2) On sait la violente colère qui se déchaina contre Rousseau à l'occasion de ses écrits politiques. Une dame génevoise lui

« Les flammes qui brûlaient vos livres me « semblaient rallumer le bûcher de Servet, » écrivait à Rousseau un de ses admirateurs les plus dévoués, le ministre Moultou (1).

On ne saurait donc douter que le principe qui est à la base du *Contrat social* n'ait été emprunté par Rousseau à nos vieilles franchises ; mais comment a-t-il été introduit dans la charte de 1387 ? Quelle est son origine ? Est-ce un principe dû au prince-évêque lui-même, qui aurait été ainsi doublement novateur ? Ou bien n'a-t-il fait que l'emprunter à d'autres pour l'introduire et le populariser dans Genève ? C'est une question qui n'a pas encore été abordée dans les nombreux écrits sur Jean-Jacques ; je veux essayer de l'élucider ici. L'histoire d'une idée qui se propage,

adressa, entre autres, les lignes suivantes : « Malgré mon igno« rance, Monsieur, je vous dirai que vous êtes une peste pour le « genre humain. S'il vous restait quelque peu de bon sens, vous « rassembleriez les volumes de vos ouvrages, vous les brûleriez « vous-même et vous emploieriez votre plume et votre génie à « écrire des choses où vous n'offenseriez pas la divinité et l'hu« manité. Pour moi, je vous ai trouvé indigne de porter le nom « de citoyen de notre république. » (1762.) *J.-J. Rousseau, ses amis et ses ennemis*, par Streckeisen-Moultou. 1865, tome II, p. 467.

(1) Même ouvrage (lettre du 22 juin 1762), tome I, p. 44.

se répand et agit sur la vie des nations, a bien son importance; à ce titre, quelques indications, quelques renseignements, incomplets peut-être, ne seront pas superflus.

Amé III, souverain du comté de Genevois, eut, de Mathilde de Bologne, son épouse, une nombreuse descendance; il laissa dix enfants, cinq fils et cinq filles, au moment de sa mort, en 1367, c'est-à-dire vingt ans avant la promulgation de la charte des franchises d'Adémar Fabri. Tout semblait promettre à cette vieille et illustre race des comtes de Genève un long avenir; c'est avec les enfants du comte Amé III, cependant, que devait s'éteindre le nom de cette famille qui n'a point passé inaperçue et qui a joué en particulier un grand rôle dans l'histoire de nos contrées.

Les trois fils aînés du comte le suivirent de près, leurs morts furent rapides, rapprochées, presque fatales; comme eux, le comte Pierre, leur frère, dont le règne dura presque un quart de siècle, ne laissa pas de postérité. Le cinquième frère était le fameux antipape Clément VII, qui eut sur les pays romands une si grande influence; c'est lui qu'a représenté, sous des couleurs fort sombres, comme un homme cruel et sans entrailles, un de nos écrivains qui ne brille pas toujours, il faut le dire, par une impartialité exagérée, M. de Sismondi (1). L'antipape Clément VII ne fut que bien peu de temps comte du Genevois ; en lui devait finir une des plus anciennes familles de l'Europe ; il fut en effet le dernier de sa race (2).

Dans le temps d'Adémar Fabri, Genève, cité impériale, était entourée d'une espèce de ceinture de petites villes alliées qui lui étaient fort sympathiques et qui ne dépendaient pas toutes de la même souveraineté : Thonon, Aubonne, Cruseilles, La Roche, etc ; elle était en quelque sorte leur capitale et avait sur elles une action prépondérante; le contraire eut lieu quelquefois et nous allons en voir tout à l'heure un exemple assez saillant.

Les rapports intimes de Genève avec les petites villes qui l'entouraient tenaient non-seulement à leur voisinage presque immédiat,

(1) Voir, entre autres, son *Histoire des Français*, tome XI, p. 301 et suiv., p. 330, 331, 333, 334 et suiv.

(2) Il mourut le 17 septembre 1394,

à leurs intérêts réciproques bien compris de part et d'autre, mais encore à des coutumes qui se perdaient dans la nuit des temps, dont il est impossible de préciser exactement la date et l'origine, et qui avaient établi une sorte de combourgeoisie entre la cité du Léman et les localités circonvoisines, pour employer une expression dont on se servait beaucoup autrefois ; ces localités jouissaient, comme Genève, de franchises étendues.

Longtemps avant qu'il devînt l'antipape Clément VII, Robert III, de la famille des comtes de Genève, avait reçu en apanage précisément une de ces seigneuries dont le nombre était si considérable alors et qui le mettait facilement en contact avec la ville épiscopale. Il était seigneur de la petite ville de Cruseilles, qui avait, et comme ville fortifiée et au point de vue du commerce, quelque importance ; les citoyens de Cruseilles et de Genève étaient réciproquement exempts de tous droits de péage. La petite ville alliée est devenue un pauvre bourg ouvert, depuis l'époque où, durant les guerres du seizième siècle, elle fut escaladée, brûlée et pillée, et où furent ruinés ses deux châteaux qui s'élevaient sur un haut mamelon, à l'extrémité de la montagne du Salève.

Nourri, durant une partie de son enfance, dans la maison du cardinal Guy de Bologne, dont il était le neveu, allié par sa race à presque toutes les grandes familles d'Europe, Robert III, qui avait des connaissances étendues, une grande instruction, un caractère ambitieux, d'une rare énergie, d'une inflexible opiniâtreté, semblait prédestiné à jouer un rôle important dans le monde. Lorsque, en 1372, il fut promu au cardinalat et qu'il occupa désormais un haut rang dans le sein de l'Eglise, les habitants de Cruseilles lui demandèrent de confirmer leurs franchises, qui avaient été mises par écrit, réunies et codifiées en 1282, soit cent cinq ans avant celles d'Adémar Fabri. Ces vieilles franchises avaient été accordées par trois frères de la famille des comtes de Genève : Guy, évêque de Langres, seigneur de Cruseilles, à raison de son patrimoine, Robert, évêque de Genève, et le comte Amédée II.

Robert III, devenu cardinal, obtempérant à

la demande qui lui était adressée, confirma ces franchises, qui dataient du siècle précédent. Il fit davantage encore, il y ajouta des dispositions nouvelles, d'une haute portée, qui étendaient et développaient les précédentes. Ces franchises, imprimées en 1860 dans les *Mémoires de la Société d'histoire et d'archéologie de Savoie* (1), ont été reproduites dans ceux de la *Société d'histoire et d'archéologie de Genève* (2). J'en possède depuis longtemps une copie vidimée, authentique, faite il y a plus de trois siècles, d'après les titres originaux qui ont été détruits sans doute par vétusté, car ils ne paraissent pas avoir été conservés jusqu'à nos jours.

Pourquoi le cardinal de Genève, comme on l'appela dès lors, jugea-t-il convenable de développer, d'étendre les franchises de 1282 ? Quel était le motif de cette manière d'agir si bienveillante et si large ? Etait-ce pour imiter ses prédécesseurs et ne point se montrer indigne d'eux, pour suivre à leurs traditions ?

(1) Année 1860, tome IV, p. 149 à 163.
(2) Année 1863, tome XII, deuxième partie, p. 37 à 47.

Etait-ce, au contraire, sous l'impression de vues politiques, pour s'attacher de plus en plus les bourgeois de Cruseilles, au moment où il allait de nouveau s'éloigner d'eux ? Ou plutôt, peut-être, en mémoire et en souvenir de son élévation au cardinalat, et pour leur faire, dans une certaine mesure, partager sa haute fortune et sa grandeur? Je l'ignore; je serais plutôt disposé à croire que les motifs qui le dirigèrent dans cet acte solennel furent loyaux, grands et généreux, qu'ils n'eurent rien de mesquin, rien d'intéressé.

Quoi qu'il en soit, c'est dans ces franchises nouvelles que fut inséré le principe important que nous avons retrouvé dans la charte d'Adémar Fabri et qui a passé de là dans le *Contrat social.* Le sens est absolument le même, la portée est la même, et quiconque ne verrait que la traduction des deux textes, (ces franchises sont, suivant l'usage, rédigées en latin), pourrait facilement croire qu'il n'y a en réalité qu'un seul et même original. Je les reproduis en note pour qu'il soit facile à ceux qui ne possèdent pas les deux publications que je viens de citer, de comparer les textes et de constater la parfaite identité du principe qu'ils renferment (1).

(1) « Item quod omnes alie franchesie ipsorum et singule clau-
« sule eiusdem franchesie per dictos predecessores nostros con-
« cesse remaneant in perpetuum in suo robore posito quod non
« essent usi de ipsis vel aliqua ipsarum, vel non uterentur in fu-
« turum, eciam per tantum tempus quod memoria hominium in
« contrarium non existeret, et posito quod dominus vel officiarii
« eius uterenter de contrario, quod non esset eis preiudicium nec
« in possessione nec in proprietate nec in aliquo in perpetuum,
« sed haberetur ille usus pro non usu, eciam si usi essent dicti
« dominus et officiarii vel uterentur in futurum per tantum tem-
« pus quod memoria hominum in contrarium non existeret. »
Franchises de Cruseilles de 1371.

« Item si dicti clerici aut cives gebenn. nunc et in futurum, et
« qui pro tempore fuerint in dicta civitate, procuratores vel sin-
« dici eiusdem, singulis privilegiis predictis et capitulis eorundem
« non uterentur, quod propter non usum dictis civibus et com-
« munitati per non usum triginta, quadraginta, quinquaginta et
« plurium annorum non amitterent, nec amittere deberent privi-
« legia prædicta in toto vel in singulis capitulis, nec prescriptio
« curretet in predictis contra clericos, cives et communitatem
« predictos. Et si nos vel officiarii nostri qui pro tempore fuerint
« in dicta civitate gebenn. aliter in contrarium uteretemur seu
« uterentur aliquibus capitulis predictis vel pluribus eorundem,
« aliquid attemptaretur propter vel contra contenta in ipsis capi-
« tulis, quod per abusum non fieret preiudicium dictis clericis ci-
« vibus et communitati, nec derogaretur dictis privilegiis, nec
« per usum vel consuetudinem longissmi temporis contra dicta
« privilegia vel aliqua eorundem non valeat nec debeat presoribi,
« nec prescriptio longissimi temporis allegari, dictis privilegiis in
« singulis eorum capitulis rectis et firmis remanentibus, usu,
« possessione vel quasi in contrarium usitate vel possesse non
« obstantibus, nisi quantum de ipsorum clericorum, civium et
« communitatis predicte civitatis processerit voluntate et com-
« municato consensu. » *Franchises de Genève de 1387.*

Adémar Fabri, on le sait (1), appartenait à une famille qui, comme beaucoup de familles nobles de son temps, possédait à la fois la bourgeoisie de Genève et celle d'une des villes libres du voisinage ; il était originaire de La Roche qui faisait partie du comté du Genevois, et qui était, par sa position, rapprochée de Cruseilles et de Genève ; il connaissait Genève depuis longtemps, avant d'y occuper dans le clergé la position officielle la plus élevée, celle de l'épiscopat. Il connaissait les glorieuses traditions des princes-évêques, ses prédécesseurs, et il n'en était pas indigne.

Des franchises, réunies en une espèce de code, n'avaient rien de nouveau pour lui ; quelques mois à peine avant la confirmation des franchises génevoises de 1387, La Roche avait vu ses franchises, qui dataient de 1335, confirmées par le comte Pierre de Genève, frère aîné du cardinal.

Adémar Fabri était donc bien au courant de ces usages, de ces vivantes coutumes, de

(1) *Bulletin de l'Institut national genevois*, tome XI, p. 241 et suiv.

ces libertes si chères aux bourgeois de son temps ; elles renfermaient en effet, avec une rédaction plus ou moins confuse et mal coordonnée, des garanties précieuses qui nous étonnent en plein dix-neuvième siècle, et qu'à certains égards nous ne possédons pas aujourd'hui au même degré qu'alors.

Il avait d'ailleurs, par un séjour personnel à Genève, appris à mieux connaître notre ville ; il était, en 1357, prieur des dominicains, soit frères prêcheurs de Plainpalais.

En 1369, au moment où il était curé de Saint-Pierre de Rumilly (1), commune rapprochée de sa ville natale, il ne devenait point étranger à Genève ; nous le voyons au contraire assister comme témoin, dans le château de Peney, à une assemblée qui roulait sans doute sur un sujet d'une nature fort grave, puisque les syndics et les conseillers de la ville de Genève avaient jugé convenable d'aller en corps à Peney, au nom de la communauté génevoise, pour faire, relativement au

(1) *Bulletin de l'Institut national genevois*, tome XI, p. 231-258.

comte Amédée de Savoie, une communication officielle à l'évêque Allamand de Saint-Jeoire. Dans la matinée du même jour, syndics et conseillers avaient été convoqués devant le comte de Savoie qui leur avait fait faire, par l'intermédiaire de son chancelier, une communication sans doute fort grave aussi, dont nous ne connaissons point toutefois exactement le contenu, le document qui la mentionne se trouvant en partie déchiré.

D'un autre côté, les rapports affectueux et suivis d'Adémar Fabri avec les comtes de Genève, souverains du Genevois, dont dépendait La Roche, sa ville natale, s'expliquent tout naturellement. La famille à laquelle appartenait Adémar Fabri était noble, en relation constante, comme toutes les familles nobles de la même contrée, avec les comtes de Genève. Adémar Fabri, compatriote de Clément VII, le connaissait de très près ; il avait été son camérier et son confesseur. C'est par Clément VII qu'il avait été appelé aux fonctions épiscopales génevoises, c'est par lui qu'il était devenu prince-évêque de Genève. C'est près de lui, dans la ville même d'Avignon, qu'il mourut ; il venait précisément d'être appelé au cardinalat (1).

Faut-il s'étonner maintenant qu'Adémar Fabri ait songé à gratifier les citoyens de Genève d'un privilège, d'un droit dont jouissaient les habitants de Cruseilles ? N'était-il pas naturel qu'il connût de près tous les faits de quelque importance qui s'accomplissaient dans son voisinage immédiat ? Intimement lié avec le cardinal de Genève, devenu Clément VII, ne devait-il pas être, n'était-il pas très au courant de tout ce qui le concernait ? Et qu'on explique l'insertion dans les franchises de Genève du principe important qu'a reproduit Rousseau, soit par des motifs personnels à Adémar Fabri, sa générosité, sa largeur, son désir de se rendre populaire, soit par des motifs politiques, pour contreminer au besoin les prétentions de la maison de Savoie, si longtemps hostile à celle de Genève, ou aussi pour être agréable à Clément VII, en marchant sur ses traces, en se constituant son

(1) Blavignac. *Armorial genevois*, p. 245. Adémar Fabri mourut le 8 octobre 1388 ; il était évêque depuis le 17 juillet 1385.

imitateur, enfin peut-être par tous ces motifs réunis, toujours est-il que l'on comprend fort bien comment, de la manière la plus naturelle, ce principe nouveau s'est introduit dans Genève.

Comme je l'ai dit ailleurs, « à une époque « où les ecclésiastiques haut placés avaient « presque tous étudié le droit, Adémar Fabri « devait rendre à Genève des services qu'un « prélat seul pouvait lui rendre alors, et qui « ne seront point oubliés. »

Il avait en outre l'avantage d'appartenir à notre pays et de le bien connaître ; s'il fût arrivé ici sans « être bien versé dans la science « du droit, sans connaître les hommes et les « choses, comment aurait-il pu, durant un « épiscopat d'une aussi courte durée, réaliser « ses meilleures intentions, même avec cette « largeur de vues et cette force de volonté « qui le distinguèrent ? »

Ainsi, ce principe qui avait pris pied, de par le seigneur féodal, dans une localité presque insignifiante, fut naturalisé, quinze ans après, dans Genève, où son importance devint plus grande, pour pénétrer ensuite de la ville épiscopale dans les écrits de Rousseau et pour être connu un jour de l'Europe entière; il devait se répandre au loin, exercer sur la vie des nations une influence considérable que l'on peut discuter dans des sens divers, qu'il n'entre point dans mon plan d'apprécier ici, dont l'examen exigerait une étude nouvelle et un nouveau mémoire.

Le mince filet d'eau s'était peu à peu agrandi, il avait fini par devenir une rivière au large cours, aux ondes impétueuses, fertilisant tour à tour certains territoires ou n'épargnant point, plus d'une fois, à ses rives les inondations dangereuses.

Telle est l'origine immédiate de cette idée dans les franchises de Genève, telle est son origine dans les écrits de Rousseau (1).

(1) Sans remonter à l'antiquité, il serait intéressant de rechercher l'origine de cette idée dans le moyen âge. Voir, en particulier, à cet égard, les franchises de Gex, du 7 novembre 1292 (*Mémoires de la Société d'histoire et d'archéologie de Genève*, vol. XIII, 2e partie, p. 107), et les franchises de Flumet, du 25 juin 1307 (*Mémoires de la Société d'histoire et d'archéologie de Savoie*, vol. XI, p. 115).

ORIGINE

DES

IDÉES POLITIQUES DE ROUSSEAU (1)

II

Si le mémoire sur l'*Origine des idées politiques de Rousseau*, dont j'ai donné précédemment lecture à l'Institut génevois et qu'il a inséré dans ses publications (2), a eu, à ma grande surprise, une véritable fortune, j'ose presque dire un retentissement lointain, qu'il n'avait nul droit d'espérer, il le doit avant tout aux idées qu'il renferme ou plutôt qu'il rappelle. Pour moi, je ne pouvais supposer que cette pauvre brochure éveillerait un intérêt pareil.

Des journaux et des revues de tendances diverses et opposées ont jugé convenable de

(1) Ce mémoire a été lu à Genève, grande salle de l'Université, dans la séance générale et publique de l'Institut génevois, le lundi 4 avril 1881, et à Lausanne, dans la séance annuelle de la Société d'histoire de la Suisse romande, le 9 juin de la même année.

(2) *Bulletin de l'Institut*, tome XXIII, p. 19 et suivantes.

lui accorder avec éloges des comptes-rendus (1), dont quelques-uns sont fort développés, des hommes d'Etat ont daigné le lire, l'apprécier; dans divers pays, en France, en Belgique, en Italie, en Suisse, en Allemagne, il n'a point passé inaperçu. Une revue d'outre-Rhin l'a même mentionné comme un des plus importants mémoires qui aient été publiés à propos du Centenaire de Rousseau, comme celui qui méritait surtout d'être mis en relief et qui est spécialement digne d'attention, au dire du publiciste allemand, parce qu'il fait ressortir des points de vue nouveaux, qui paraissent avoir échappé jusqu'à

(1) On peut lire, entre autres, sur ce travail : *Revue de Belgique*, livraison du 15 avril 1878, p. 434 à 438. — *Le Correspondant*, livraison du 25 juillet 1878, p. 359 à 364. — *Magazin für Litteratur des Auslandes*, numéro du 26 octobre 1878. — *Séances et travaux de l'Académie des sciences morales et politiques* (Institut de France), décembre 1878, p. 904 à 909. — *Le Devoir*, numéro du 5 mai 1878. — *La Vie littéraire*, numéro du 14 mars 1878. — *Revue suisse*, 1877, p. 159; 1878, p. 25, 26, 86. — *Bibliothèque universelle*, février 1879, p. 364. — *Journal des Débats*, numéro du 16 octobre 1878. — *Journal officiel français*, numéro du 17 octobre 1878. — *L'Europe*, numéro du 25 janvier 1880. — *Bibliothèque de l'Ecole des Chartes*, 1881, p. 215, 216, — et divers autres journaux.

ce jour à ceux qui ont écrit sur le *Contrat social;* enfin, un membre de l'Institut de France, justement célèbre dans le monde savant, a fait à ce travail l'honneur de le signaler au corps illustre dont il est membre, d'en parler avec détail, de le résumer, de le discuter dans le sein de la docte Assemblée.

A vrai dire, les idées que ce mémoire rappelle, les citations qu'il reproduit, ont causé, à propos de Jean-Jacques Rousseau, une véritable surprise, un profond étonnement. Beaucoup de gens, au premier abord, avaient peine à croire qu'elles appartinssent réellement à l'auteur du *Contrat social*, à l'écrivain de génie dont le nom partout répandu est aujourd'hui populaire, à ce rêveur illustre qui peut être étudié sous tant de faces différentes; ils ne reconnaissaient point là cet audacieux novateur qui a résumé et, jusqu'à un certain point, codifié les théories démocratiques les plus extrêmes et les plus radicales.

Et pourtant, il a bien fallu se rendre à l'évidence; car toutes les citations du mémoire, faites sans passion, froidement et avec l'ardent désir de rechercher la vérité, étaient sans exception d'une fidélité scrupuleuse, qui a pu être vérifiée, et sur l'exactitude desquelles, de la part des personnes peu sympathiques aux conclusions du travail lui-même, aucun doute ne s'est élevé et ne pouvait s'élever.

Il ne sera point inutile de réimprimer ici textuellement, pour ceux des lecteurs qui n'ont point mon premier opuscule sous les yeux, quelques-uns de ces passages saillants qui ont une signification toute particulière et nous permettent de mieux comprendre l'origine des théories politiques du célèbre publiciste. C'est à Jean-Jacques Rousseau qu'ils sont textuellement empruntés, c'est lui qui a émis, en plein dix-huitième siècle, les assertions suivantes, sans s'arrêter aux préjugés si vivaces de ses compatriotes :

« L'origine des franchises et des libertés du peuple de Genève se perd dans la nuit des temps. Dans l'acte célèbre de l'évêque Ademarus Fabri, cet évêque reconnait lui-même que ces franchises qu'il lui confirme, sont de temps immémorial. Toutefois, on ne saurait supposer que dans les désordres qu'entraîna la ruine de l'empire romain, aucun peuple, aucune ville ait conservé la moindre ombre de liberté (1). Le système féodal, fondé sur l'esclavage des vaincus, n'était pas propre à la faire renaître.

« *Les évêques, seuls protecteurs du peuple, le tirèrent de la soumission, et les droits municipaux de la ville de Genève ne s'établirent que sur ceux du clergé. Le prince, qui devait au peuple sa puissance, paya sa dette avec usure, il fonda la liberté.* Elle vint du côté dont on l'aurait le moins attendue.

« Genève avait à peu près, sous les évêques, les mêmes droits que Neuchâtel a sous ses princes : l'honneur et l'embarras du gouvernement était *(sic)* pour le prélat; l'avantage et la sûreté était *(sic)* pour le peuple. Au dehors, protégé par son souverain, au dedans, par ses franchises, *le Génevois* ne craignait ni son maître, ni ses voisins, il *était beaucoup plus libre que s'il eût été tout-à-fait républicain* (2). »

(1) La science moderne a prouvé que cette assertion n'est pas exacte.

(2) *Revue suisse* (Neuchâtel), année 1861, p. 461, 462.

Et ailleurs : «..... L'idée d'aller chercher quelque image de liberté sous les rois de Bourgogne et sous Charlemagne est chimérique. *La liberté ne germa que sous l'épiscopat, et les évêques, que le peuple de Genève regarde comme les anciens tyrans de sa patrie, en furent en effet les pères et les bienfaiteurs* (1). »

Ailleurs encore, il déclarait que les franchises promulguées à Genève, par l'évêque Adémar Fabri, en 1387, *n'étaient pas moins respectables aux Génevois que ne l'est aux Anglais la grande Charte encore plus ancienne* (2) ; que *la liberté n'avait été élevée*, à Genève, *que sur la base du gouvernement épiscopal, qu'il était donc obligé, pour expliquer le gouvernement d'alors, de remonter à sa source, d'éclaircir souvent ce qui existait par ce qui s'était passé depuis fort longtemps* (3) ; enfin, qu'aux termes de ces vieilles franchises, *pièce authentique et regardée par la bourgeoisie de Genève comme le fondement de sa liberté, le non-usage ne pourrait prescrire contre elles*, et

(1) *Revue suisse* (Neuchâtel), année 1861, p. 43.
(2) *Huitième lettre écrite de la montagne.*
(3) *Revue suisse* (Neuchâtel), année 1861, p. 39.

qu'Adémar Fabri *n'avait laissé ni à ses successeurs ni à personne le droit de les révoquer* (1).

Les citations qui précèdent, empruntées directement au *Citoyen de Genève*, ont dû paraître bien étranges, même aux esprits libres de préjugés contemporains ou séculaires à l'endroit de la vieille Genève ; elles ont dû frapper les hommes droits et sérieux, avides de vérité, qui recherchent avant tout dans l'histoire ce qu'elle est réellement et ne se nourrissent pas, au point de vue de l'enthousiasme ou du dédain, de l'admiration ou du dénigrement, de tendances passionnées, systématiques, d'utopies qui peuvent leur sourire ou de rêves imaginaires. D'autres passages, que je ne réimprime pas, produiraient sans doute une impression analogue.

On éprouve, en effet, une véritable surprise à voir l'audacieux novateur chercher l'origine, les sources de la liberté génevoise

(1) *Revue suisse* (Neuchâtel), année 1861, p. 463, 464. Rousseau ne paraît pas se douter, d'ailleurs, des innovations que renferment les franchises de 1387.

et de ses propres théories politiques, dans les souvenirs de la Genève épiscopale, dans ces franchises à jamais célèbres d'un de ses plus illustres prélats ; à voir le théoricien de la démocratie opposer, dans le dix-huitième siècle, les mérites du gouvernement des évêques à ceux des institutions calvinistes de la République de Genève. Cependant, comme l'a remarqué avec beaucoup de justesse le savant recteur de l'Université libre de Bruxelles, « lorsque « Rousseau écrivait ces lignes, les préjugés « les plus injustes régnaient encore à Ge- « nève, à l'égard des temps antérieurs à la « Réformation (1). »

Ces préjugés ne sont-ils pas plus ou moins vivants encore ? On pourrait facilement le croire, lorsque l'on constate, comme l'a fait l'honorable recteur, qu'à Genève on attache beaucoup moins d'importance qu'on ne semble le faire dans les pays étrangers, à la filiation bien indiquée, suivant lui, dans l'*Origine des idées politiques de Rousseau.*

(1) *Revue de Belgique*, année 1878, p. 436 (livraison citée).

Rousseau réserve d'autres surprises encore à ceux qui voudront l'étudier de près. Si je parlais, par exemple, de son testament fait sous l'invocation de la sainte Vierge et des saints, plus d'un lecteur ouvrirait, comme on dit, de grands yeux. Qu'on veuille bien lire, comme je l'ai fait, la minute originale de ce testament dressé par le notaire Rivoire ; ce n'est pas assurément l'une des moindres curiosités de la bibliothèque de Chambéry. On a beaucoup écrit sur Rousseau, mais il n'est pas encore connu à fond, disait tout récemment, avec raison, un excellent penseur.

Aussi l'influence considérable qu'a eue son œuvre et qu'elle aura sans doute encore, explique-t-elle facilement l'intérêt qu'ont fait naître ces différentes citations et l'espèce de fièvre avec laquelle elles ont été çà et là accueillies ou interprétées ; il n'est point indifférent de connaître la source à laquelle il a puisé son système politique. L'éveil qu'a bien voulu donner la presse, de divers côtés, sur mon premier mémoire, m'a semblé un encouragement à poursuivre des recherches de cette nature, à m'efforcer de les approfondir, de les compléter. Il m'a imposé un devoir que je tiens à remplir ; voici donc un second travail qui ne ressemble guère au précédent, quoiqu'il roule en réalité sur le même sujet. La plupart de ceux qui ont honoré mon premier mémoire de leurs remarques ont admis qu'il était concluant, d'autres ont fait des réserves ; on verra, en lisant les pages qui suivent, que je tiens compte de quelques remarques et que certaines objections trouvent une réponse (1).

Si je cherche les sources du Rhône, son *origine*, dans les glaciers du Valais, dans la région des Hautes-Alpes, je n'ai nulle peine

(1) La mort, malheureusement prématurée, de M. le docteur Dubs, ancien président de la Confédération suisse, dont j'avais eu l'honneur d'être le collègue dans le *Conseil des Etats*, me permet de publier, en résumé, son opinion sur mon premier mémoire. Suivant lui, la *paternité intellectuelle* est toujours difficile à établir. Il admettait que le *Contrat social* était issu des circonstances politiques de Genève et de son histoire, que l'influence de l'évêque Adémar Fabri et des franchises de 1387 n'y était pas étrangère, mais qu'il n'était guère possible de déterminer exactement jusqu'où s'étendait cette influence, que ce n'était, du reste, point essentiel de la déterminer de plus près.

à reconnaître que le fleuve, à sa naissance, est loin d'être ce qu'il est à Genève, lorsque ses eaux limpides s'échappent du lac Léman et se préparent à descendre avec rapidité vers la Méditerranée. Le fleuve a traversé plus d'une contrée, il a entendu tour à tour sur ses bords la langue allemande et la langue française ; il s'est modifié à plusieurs reprises, il s'est élargi, ses ondes se sont purifiées dans le lac, et, quoique sa source, son *origine*, soit toujours, sans aucun doute, dans les glaciers du Valais, il n'est pas exactement à Genève ce qu'il était à sa naissance.

L'*origine* du *Contrat social*, je crois l'avoir clairement établi par une série de citations empruntées à Rousseau lui-même, se trouve dans les franchises promulguées, au sein de la ville impériale de Genève, par l'évêque Adémar Fabri, en l'année 1387. Dès lors, le principe que Rousseau devait reproduire dans le dix-huitième siècle, auquel il allait donner tout le prestige de son talent, tout l'éclat de son génie, qu'il allait répandre par ses écrits, à la veille de la révolution française, ce principe a traversé bien des évènements divers, il a vu naître et passer bien des innovations, bien des générations; pour ne parler que du dix-huitième siècle seul, il a fait le sujet des discussions les plus vives, les plus prolongées, des débats les plus passionnés.

Prétendre que ces débats, que Rousseau suivait d'un œil attentif, lui sont plus ou moins demeurés étrangers, qu'ils ont été sans influence sur lui, sur son talent, ce serait sans aucun doute vouloir nier l'évidence. Soit dans les spéculations solitaires de son génie ou dans son ébauche d'une histoire de Genéve, soit dans ses rapports personnels ou écrits avec des compatriotes, soit par le fait de brochures imprimées, de mémoires manuscrits, qu'on lui envoyait, l'idée capitale qui devait faire la base du *Contrat social* a été certainement souvent présente à son esprit et à sa pensée; elle devait prendre dans ses œuvres, je l'ai déjà remarqué, une allure essentiellement différente de celle qu'elle avait dans le quatorzième siècle; le fleuve avait parcouru bien du chemin à travers les siècles, il n'était plus, dans la seconde moitié du dix-huitième siècle, sous le coup des passions politiques du calvinisme dans ses déchirements, ce qu'il était à l'époque plus calme et plus sereine d'Adémar Fabri; quelle différence entre la Genève de 1762 et la Genève de 1387! Mais l'*origine* de l'idée était toujours la même, les œuvres de Rousseau le prouvent nettement; cette origine remontait directement à ces franchises épiscopales qui étaient l'objet de son admiration, et qu'il comparait même à une charte fameuse dans l'histoire, à la grande Charte d'Angleterre. C'est ce que j'ai tâché d'établir dans mon premier travail.

C'est ce que je vais tâcher d'établir encore par une série de preuves contemporaines, empruntées, cette fois, non à Rousseau lui-même, comme précédemment, mais à ses compatriotes et à leurs écrits. Ce second mémoire corroborera le premier, je me plais à le croire; ceux qui voudront bien les lire, l'un et l'autre, sans préoccupation, sans idée préconçue, avec une entière impartialité d'esprit, devront en conclure que l'idée qui est à la base du *Contrat social* n'est pas née en quelque sorte d'un seul jet, dans le dernier siècle, toute armée, si je puis m'exprimer ainsi, comme Minerve sortant du cerveau de Jupiter. Ils verront que les vieilles libertés de Genève, qu'invoque à plusieurs reprises Rousseau, avaient été souvent, avec constance, avec suite, invoquées avant lui dans Genève par le parti populaire que n'avaient point encore souillé les sanglantes pages de la fin du siècle dernier, et que les franchises d'Adémar Fabri ne sont point, suivant l'expression facile d'un aimable écrivain, « *la source oubliée* des doctrines que devait formuler l'audacieux novateur (1). »

On connaît les luttes intestines, longues et acrimonieuses, qui eurent lieu à Genève, dans le cours du dix-huitième siècle ; sous des formes variées, sur des sujets quelquefois presque futiles, ou qui avaient au moins l'apparence de l'être, elles durèrent, pour ainsi dire, du commencement du siècle jusqu'à la fin, elles ne cessèrent, tant elles étaient achar-

(1) *Bibliothèque universelle*, juillet 1878, page 6.

nées, qu'avec la conquête de Genève par la France et l'incorporation, plus ou moins volontaire, plus ou moins forcée, moyennant certains privilèges, de la petite république à la grande nation.

Au milieu de cette agitation sans cesse renaissante, généralement assez opiniâtre, qui semblait souvent, au moins au premier abord, calme et sans passion, à celui qui ne connaissant pas la ville de Calvin, l'étudiait d'un œil superficiel, une des armes de guerre en usage, fréquemment employée par tous les partis, était la publication de brochures la plupart du temps anonymes ou la propagation de mémoires manuscrits, qu'on faisait circuler dans Genève. Quiconque voudra approfondir l'histoire du siècle dernier, dans la ville du Léman, ou celle des doctrines politiques de Rousseau, devra lire, autant que possible, ces brochures qui sont très nombreuses ; il devra tâcher d'avoir communication de quelques-uns de ces mémoires manuscrits, nombreux aussi, qui jouèrent un rôle dans cette époque si pleine de convulsions, et où les haines municipales, presque toujours irréconciliables, rappelaient à tant d'égards, moins d'ordinaire la vivacité extérieure, les villes italiennes du moyen âge. On sait que ces violents débats se terminèrent tristement, que, proportion gardée, la terreur fut plus terrible à Genève qu'en France, et qu'au milieu d'innovations utiles, heureuses, désirables, virent le jour de bizarres utopies, se maintinrent de vieux préjugés et ne figurèrent que trop de sanglantes et abominables journées.

Ce sont surtout les brochures et les manuscrits antérieurs de peu de temps au *Contrat social* qui ont, en ce moment, eu égard à mon premier mémoire, de l'importance, et auxquels je veux m'attacher ou plutôt me restreindre aujourd'hui. Ils nous montreront quel était, au point de vue des anciennes libertés génevoises, le courant des esprits, quel genre d'argumentation ils mettaient en avant, quelles idées ils poursuivaient. On pourra ainsi plus facilement discerner ce qui, dans les œuvres de Rousseau, relativement à la base essentielle de son système politique, lui appartient réellement, ce qui ne lui appartient pas, mais bien plutôt à ses compatriotes, et jusqu'à quel point, dans ce domaine ardent, il a fait une œuvre *absolument originale.*

Qu'on me permette d'aborder presque uniquement, dans ce travail, une question que d'excellents esprits trouveront certainement bien futile, au point de vue du sujet sur lequel elle roule, un des moins graves de ceux qui se débattirent à cette époque; elle a un véritable intérêt historique, soit parce qu'elle précéda de peu de temps la publication du *Contrat social*, soit parce qu'il n'en a pas été question, je crois, jusqu'à ce jour, soit enfin parce qu'elle n'est pas étrangère à la polémique célèbre qui ne tarda pas à prendre naissance entre Rousseau et le magistrat éminent qui reçut tour à tour de lui des éloges sérieux, de vertes et ironiques apostrophes, le procureur général, Jean-Robert Tronchin. A ces titres divers, elle mérite d'être mentionnée et sommairement étudiée.

Il s'agissait, au fond, simplement d'un mince impôt mis sur les bancs de deux ou trois temples, par le Petit Conseil, qui était encore, à cette époque, à peu près tout-puissant, et qui représentait cette aristocratie génevoise, maîtresse presque absolue du pouvoir, depuis l'avènement du régime oligarchique introduit à Genève par Calvin. Quel rôle jouèrent dans cette question les représentants, c'est-à-dire le parti populaire, ces libéraux de petite trempe, qui ne tardèrent pas à prendre eux-mêmes une allure aristocratique, et les prétentions des classes privilégiées ?

Les représentants soutenaient que tous les impôts, sans exception, et celui-là en particulier, devaient être soumis à l'approbation du Conseil Général, que, sans le concours et le consentement exprès de ce corps, aucune contribution quelconque ne pouvait être valablement établie. Ils réclamaient, en conséquence, la convocation immédiate de ce corps pour qu'il eût à se prononcer officiellement au sujet de cet impôt. Aux termes des nouvelles lois genevoises, la convocation ne pouvait être faite que par le Petit Conseil, qui se trouvait ainsi juge et partie dans sa propre cause. Or, le Petit Conseil refusait de la manière la plus absolue la convocation du Conseil

Général. De là, un grave conflit dans la république entre la majorité de la population, d'une part, et le Petit Conseil ou pouvoir exécutif, de l'autre. Cette mince question d'impôt, qui n'était pas absolument nouvelle, devenait ainsi ce que nous appellerions, de nos jours, une question constitutionnelle, elle donnait lieu, dans le sein de la cité, à des débats opiniâtres. Rappelons-le en passant : Tronchin admettait qu'en droit le Petit Conseil pouvait refuser tout changement à la Constitution, même *demandé par la très grande pluralité des Citoyens et des Bourgeois* (1), soit de ceux qui seuls jouissaient alors des droits politiques; c'est dire suffisamment que, dans des questions de cette nature, le gouvernement genevois s'estimait tout-puissant, et, par conséquent, ne s'entendait guère avec ses administrés, même avec les plus privilégiés d'entre eux. Dans ces débats, où on montrait, de part et d'autre, comme dans toutes ces luttes en général, beaucoup de raideur,

(1) *Lettres écrites de la campagne*, p. 102.

on invoquait et discutait les principes ; cette polémique au sujet d'un impôt qui semblait ne pas mériter tant d'honneur, voyait surgir et se débattre les plus hautes questions politiques.

Il est bon de rappeler que, depuis longtemps et à diverses reprises, la question des impôts avait fait naître de nombreuses discussions et échauffé les têtes plus d'une fois. Elle avait fait le sujet de bien des brochures. A cette question se trouvait toujours intimement liée celle du Conseil Général, de son ponvoir, de ses prérogatives, du pouvoir et des prérogatives du Petit Conseil. Elle touchait par conséquent à des sujets orageux, elle attisait un feu qui couvait sous la cendre et se ranimait facilement, à la première occasion, au premier vent. Il se ranima à propos des bancs d'église ; c'est ce qui explique, dans un tel domaine, la vivacité singulière des partis et le caractère passionné du débat.

Un ou deux passages, empruntés à cette controverse, ne seront pas étrangers au but de ce mémoire dans le cadre duquel ils rentrent tout naturellement. Irrités de ce refus du pouvoir exécutif et ne pouvant parvenir à faire soumettre les questions de cette nature à l'approbation du Conseil Général, les *Citoyens et Bourgeois représentants* invoquent *les lois fondamentales de l'Etat*, ils ne se découragent pas, ils réitèrent à diverses reprises leur demande.

A la date du 12 mars 1737 (cinq ans avant la publication du *Contrat social*), ils s'expriment ainsi, dans un de leurs écrits :

« Le silence du peuple ne peut servir de « titre légitime contre lui, ce n'est que par « des actes formels qu'il peut abdiquer ses « prérogatives ; *ces principes généraux et in-« contestables ne sont point étrangers à notre « Constitution, puisqu'ils sont formellement « renfermés dans le dernier article de nos an-« ciennes coutumes.* »

Une approbation silencieuse, même en apparence favorable, n'est point, suivant eux, une approbation, *quand la Constitution y est intéressée*, et l'unique moyen d'obtenir cette approbation, c'est de réunir régulièrement le Conseil Général.

L'article des *franchises* de Genève, invoqué par les représentants, est précisément l'article cité dans mon premier mémoire, celui que, peu d'années après, Rousseau faisait revivre, qu'il répandait au loin et qui est à la base du *Contrat social.*

Les biens d'église font en effet partie du domaine public, disaient les représentants, et les places des temples sont comprises dans les biens d'église. Tout moyen de se procurer des deniers sans le consentement formel du Conseil Général, est interdit aux termes des *us et coutumes de Genève.* Procéder autrement, c'est attenter aux droits du souverain. *Ce droit ne se prescrit jamais, on peut le revendiquer en tout temps.*

Telles sont les idées qui circulent et se répandent dans la population, on les répète à satiété dans des dissertations manuscrites, qu'on fait passer de main en main, qu'on lit avec avidité, comme on lirait aujourd'hui des journaux, dans les familles, et dans les sociétés qu'on appelle *cercles,* dont il existe un grand nombre à Genéve; plus d'une fois déjà, remarquons-le en passant, cette polémique revêt un style qui nous rappelle le langage révolutionnaire de la fin du siècle dernier.

La question des bancs d'église, question simple et bien circonscrite, ne semble pas susceptible de longs développements ; on ne saurait croire cependaut tout ce qui a été écrit à ce sujet. J'ai sous les yeux un volume manuscrit d'une étendue fort respectable; curieux en lui-même, il roule uniquement sur cet impôt et sur des points qui s'y rattachent.

Si tout chemin mène à Rome, cette pauvre question peut mener loin ; on passe vite à une autre qui est bien plus grave, celle de la suppression du Conseil Général. De la question du Conseil Général, on passe à celle de la souveraineté; sur un point de peu d'importance, à propos d'un sujet qui était demeuré à peu près inaperçu, durant un certain nombre d'années, on discute, on s'échauffe, on ébranle, en définitive, toute l'organisation gouvernementale.

Des deux parts, on remarque un peu de pesanteur dans le style et dans l'argumentation, mais les raisonnements sérieux ne font pas défaut, et ils ont de la portée. Toutefois, des deux parts aussi, on remarque des sophismes qu'on se lance quelquefois sérieusement, quelquefois avec des éloges réciproques, graves ou railleurs, d'ordinaire ironiques, avec une passion qui simule le calme, ou avec un calme qui ne manque point de passion.

Les idées nouvelles pénètrent ainsi, pour ainsi dire, goutte à goutte, dans le sein de la population génevoise, elles se glissent dans tous les rangs, dans toutes les classes. Elles se développent avec plus de force encore à dater du jour où le Consistoire porte plainte au Petit Conseil contre les œuvres de Rousseau, demande au pouvoir exécutif de prendre des mesures contre lui (janvier 1761), et provoque ainsi, par une dénonciation officielle (1), ce bûcher du *Contrat social* et de

(1) « Enfin *le Consistoire, en janvier 1761, jugea à pro-*
« *pos de demander au Conseil de prendre des mesures*
« pour empêcher le mal que pouvait faire la *Nouvelle Héloïse*,
« qui venait de paraître.
« Mais tout cela... ne faisait pas prévoir... cet arrêt du 19 juin
« 1762, qui décrétait Rousseau de prise de corps, et condamnait
« l'*Emile* à être brûlé devant la porte de notre Hôtel de Ville.

l'*Emile,* qui va irriter profondément les esprits, devenir bientôt célèbre, raviver le souvenir du bûcher de Servet et jeter comme de l'huile bouillante au milieu de l'effervescence populaire.

Ce choc d'idées éveille, attise une fièvre qui grandit peu à peu, qui, dans une ou deux générations, éclatera terrible, lorsque le long travail de la révolution mûrira en France, lorsque sonnera l'heure des grandes luttes, lorsque viendront les *épouvantables années*, suivant l'expression d'un illustre poète. L'observateur perspicace sent déjà gronder de loin, sur un petit théâtre, avant même que les écrits politiques de Rousseau aient paru, les grands orages de la fin du dix-huitième siècle.

Toutes les classes prennent part à cette lutte passionnée des esprits, qui deviendra prochainement générale, elles sont représen-

« La main d'un chasse-gueux (*sic*) déchira ce noble livre, et le « mit sur un réchaud... » *Etrennes chrétiennes*, Genève, 1881, page 214. — L'arrêt de 1762 frappait à la fois l'*Emile* et le *Contrat social.* — Plus d'une fois, des publications avaient été brûlées par la main du bourreau, sans que Rousseau en eût éprouvé la moindre surprise. Voir, en particulier, page 203, l'article qui vient d'être cité.

tées presque toujours par des anonymes. On indique, cependant, tout bas les noms les plus saillants; c'est un avocat qui se nomme Enard, un pharmacien qui se nomme Prévost, un conseiller qui se nomme Dupan, un jurisconsulte qui se nomme Tronchin, bien d'autres encore. Les dépenses d'une nature quelconque, couvertes par des moyens détournés que le Petit Conseil adopte, pour ne point recourir au Conseil Général, sont sévèrement critiquées et remettent encore une fois sur le tapis la question constitutionnelle. Ainsi, pour n'en citer qu'un exemple, les dépenses secrètes faites, peu d'années auparavant, par le Petit Conseil, habilement, suivant les uns, immoralement, suivant les autres, pour arriver à conclure, avec la cour de Turin, le traité de 1754 (1), et à corrompre ou à endormir la conscience d'un diplomate, éveillent des soupçons, des critiques, des suppositions injurieuses ou malveillantes, font naître des questions délicates, qu'on élude, en ne répondant pas, çà et là de sourds mur-

(1) On en a fait de semblables, de notre siècle, en les dérobant à la publicité.

mures et un mécontentement d'autant plus dangereux qu'il n'éclate pas au grand jour.

On ne manque point d'ailleurs de science, il faut le dire, dans cette opiniâtre controverse; on aborde tour à tour des questions de grammaire, d'étymologie, on cite les auteurs génevois, français ou étrangers, Burlamaqui, Montesquieu, Sidney, Locke, — on s'aperçoit aisément qu'on discute au sein d'une population instruite, — le droit romain prend gravement part au débat, que sais-je encore? Lorsqu'on peut croire, avec quelque raison, que la controverse est enfin épuisée, elle recommence de plus belle; dans les deux camps, on aime à se répéter encore, les Génevois d'aujourd'hui ne sont pas, sous ce rapport, indignes de leurs ancêtres; et toujours, chose bizarre, ce petit peuple éminemment calviniste, croyants ou non croyants, ces derniers de beaucoup les plus nombreux, d'après les renseignements contemporains (1), in-

(1) Voir, en particulier, le *Philadelphien à Genève*, p. 166. Cet ouvrage a été publié en 1783 par le Girondin Brissot, qui avait fait un séjour à Genève, où le parti populaire l'avait accueilli avec une grande sympathie. D'après Brissot, les Génevois étaient *presque tous déistes ou matérialistes*: il n'y avait que des femmes dans les temples, on n'y voyait que peu d'hommes.

Charles Pictet, qui fut déclaré déchu, pour une année, de ses

voque avec persistance l'autorité des anciennes assemblées générales de la Genève catholique et les vieilles franchises épiscopales, — ces franchises d'Adémar Fabri que le parti populaire va bientôt faire réimprimer pour que chacun puisse en avoir un exemplaire et les étudier à loisir.

Voici venir d'abord, parmi les combattants, l'auteur d'un mémoire dont le nom rappelle un de ceux qui figurent dans la science genevoise. Au moment où Revilliod est procureur général, circule un *Projet de réponse aux arrêtés du Conseil, tiré*, est-il dit, *des réflexions de divers Citoyens et Bourgeois de Genève.* Il est généralement attribué à *J.-F. Deluc.* Les arguments opposés au Petit Conseil sont reproduits, commentés, développés ; c'est une attaque en règle. L'auteur invoque le Conseil Général de 1420, antérieur de plus d'un siècle à la Réformation, conseil célèbre dans l'histoire de Genève et que Rousseau va bientôt

droits de bourgeoisie et d'autres droits, avait écrit au Petit Conseil, trois jours après la condamnation prononcée contre Rousseau : « La République se croit-elle comptable de la façon de « penser de ses citoyens absents ? *Elle aurait, en ce cas, bien « plus à faire, si elle eût* [illegible], *en matière de reli- « gion, les sentiments de* [illegible] *de ceux qui vivent « dans son sein.* »

invoquer avec force à son tour; Deluc met de plus en plus en évidence, en la citant textuellement, la décision prise par cette haute assemblée. Elle se résume en ces quelques mots : aucun impôt ne peut être introduit, aucune levée de deniers admise, sans le consentement exprès de la communauté genevoise régulièrement convoquée.

Or, qu'était-ce que la communauté genevoise, au commencement du quinzième siècle?

On ne connaissait pas, en 1420, toutes ces classes distinctes, superposées, plus ou moins séparées les unes des autres, introduites à la suite du régime calviniste, les unes jouissant de la totalité des droits politiques (les *Citoyens*, au nombre desquels était Rousseau), d'autres privées d'une faible partie de ces droits (les *Bourgeois*), d'autres de la plus grande partie, d'autres enfin n'ayant aucun droit politique quelconque, étrangères dans leur propre pays, et, parmi ces dernières, plusieurs catégories encore. « Les aristocra-
« tes, dit un historien, voulaient dominer tout
« le monde, les bourgeois n'étaient pas fâ-
« chés d'être supérieurs aux natifs et ceux-ci

« se dédommageaient de leur position en la « comparant à celle des habitants, des do- « miciliés et des étrangers (1). »

Dans le quinzième siècle, au contraire, cette inégalité n'existait point à Genève ; le régime calviniste était, sous ce rapport aussi, très inférieur au régime épiscopal. Or, la polémique dont je parle se produisait en 1757, au milieu d'une population dont les classes les plus élevées, les *Citoyens* et les *Bourgeois*, étaient loin de former la majorité. Les *Citoyens*, qui étaient au haut de l'échelle, caste privilégiée par excellence, ne représentaient, comme nombre, qu'une infime minorité; Rousseau, loin de dédaigner alors ce titre essentiellement aristocratique, s'en montrait fier.

Il avait même hautement vanté cette organisation, peu d'années auparavant; son enthousiasme sans réserve et son admiration extrême pour ce système gouvernemental font un curieux contraste, de nos jours, avec plusieurs de ses ouvrages les plus saillants. « Plus je réfléchis sur votre situation *poli-*

(1) Thourel, *Histoire de Genève*, tome III, page 358.

« *tique* et *civile*, écrivait-il solennellement le « 12 juin 1754, et *moins je puis imaginer que* « *la nature des choses humaines puisse en* « *comporter une meilleure*... Puisse durer « toujours, pour le bonheur de ses *citoyens* « et l'exemple des peuples, *une république si* « *sage et si humainement constituée* (1). » Ce Rousseau aristocratique ne se doutait guère qu'il allait être bientôt l'auteur des *Lettres de la montagne*. Quelques semaines après la publication du *Contrat social* (2), le 30 mai 1762, il adressait encore à Moultou ces lignes, en lui apprenant qu'*aucun libraire de Genève ne voulait se charger de vendre son ouvrage* : « Il est vrai que l'entrée de ce « livre vient d'être défendue en France ; « mais c'est précisément pour cela qu'il de- « vrait être bien reçu dans Genève ; car « même *j'y préfère hautement l'aristocratie à* « *tout autre gouvernement*. »

Quand Rousseau se brouilla à mort avec les hommes d'Etat de Genève, avec *Messieurs*

(1) *De l'inégalité parmi les hommes* (Dédicace).

(2) Rousseau avait annoncé à Moultou, par lettre du 25 avril 1762, que le *Contrat social* était imprimé.

les brûleurs, comme il les appelait (1), cette circonstance fut l'une de celles qui soulevèrent contre lui les colères les plus violentes; on lui pardonna, moins qu'à tout autre, ses allures nouvelles en matière politique, c'était un patricien de naissance devenu révolutionnaire, un traître à sa caste et à son drapeau. Il leur voua, de son côté, une haine aussi implacable que la leur; mais beaucoup de traits lancés par lui contre le gouvernement génevois ricochèrent et allèrent atteindre les gouvernements étrangers. On l'a remarqué depuis longtemps: c'est du sein des classes privilégiées que sortent d'ordinaire les radicaux les plus habiles, les plus prononcés. Que de fois ne l'a-t-on pas vu, et ne serait-il pas facile de citer des noms, anciens ou récents?

Beaucoup de brochures qui, dans le dernier siècle, à Genève, étaient censées émaner des *citoyens* ou des *bourgeois*, sortaient

(1) « Toute inquisition m'est odieuse. Je regarde tous les inquisiteurs comme autant de satellites du diable. Par cette raison « je ne voudrais pas plus vivre à Genève qu'à Goa... *Je ne suis « point curieux d'aller chercher le sort des Servet. Adieu « donc, Messieurs les brûleurs, Rousseau n'est point votre « homme.* » *Lettre de Rousseau à Moultou*, du dix-sept février 1763.

au contraire de la plume d'hommes privés de tous droits politiques ou d'une notable partie de ces droits, entre autres de la classe des natifs ; des intérêts variés, très différents les uns des autres, très enchevêtrés, parfois très opposés à certains égards, s'agitaient au milieu de ces controverses sans fin du dix-huitième siècle, dans ce long bouillonnement, tantôt sourd et *d'une tranquillité effrayante,* suivant une expression du temps (1), tantôt bruyant, précipité, tumultueux, comme un torrent débordé dans les vallées des Hautes-Alpes.

Deluc n'invoque pas seulement le Conseil Général de 1420, il invoque directement aussi, — c'était mettre le doigt sur la plaie, — les franchises d'Adémar Fabri, ces titres authentiques et nationaux qu'on qualifiait de *surannés* dans la classe *du haut,* dont on aurait voulu pour tout au monde qu'il ne fût pas question, qu'on aurait désiré accabler sous le dédain superbe d'un profond *silence,*

(1) Le calme apparent de notre ville et la tranquillité effrayante avec laquelle se font des *opérations si étranges...* (Huit Conseils généraux successifs avaient refusé d'élire les magistrats.) *Recueil des pièces concernant la demande de garantie. Londres* (Genève), 1767, page 72.

arme de guerre employée quelquefois aussi dans la polémique génevoise.

Deluc ne l'entendait pas ainsi : « Ces principes généraux, dit-il, ne sont pas *étrangers* « *à notre Constitution*, ils sont formellement « exprimés par un article formel de *nos an-* « *ciennes franchises si souvent jurées par nos* « *évêques.* » Il cite textuellement cette partie du texte des franchises du quatorzième siècle, et l'étale en quelque sorte aux regards de ses concitoyens (1) ; son mémoire circule,

(1) « Item, si les dits clercs ou citoyens de Genève, d'à présent « ou de l'avenir, et ceux qui avec le temps seront procureurs ou « syndics dans ladite cité, ne faisaient pas usage de chacun des « susdits privilèges et de leurs articles, que pour cela lesdits « citoyens et communauté ne perdissent pas et ne dussent perdre « les susdits privilèges, ni en tout, ni dans aucun de leurs ar- « ticles, pas même par une désuétude de trente, quarante, cin- « quante années ou davantage ; et que la prescription ne courût « pas à l'égard des susdits privilèges contre les clercs, citoyens et « communauté susdits ; et si nous ou nos officiers, qui avec le « temps pourront l'être dans ladite cité de Genève, suivions ou « suivaient des us et coutumes contraires à quelques-uns des ar- « ticles susdits, ou qu'on portât en quelque chose atteinte à plu- « sieurs des susdits privilèges, en vertu ou contre le contenu des « dits articles, que, par un tel abus, préjudice ne fût fait aux « dits clercs, citoyens et communauté, et qu'il ne fût point dé- « rogé aux dits privilèges, pas même par un usage et coutume du « plus long temps contre lesdits privilèges : qu'aucun d'eux ne « perde sa force et ne doive être prescrit ; et que la prescription « du plus long temps ne puisse jamais être opposée aux dits pri- « vilèges ; lesquels, dans chacun de leurs articles, demeureront « fermes et stables, nonobstant tout usage et possession con- « traire ; si ce n'est autant que ce proviendrait de la volonté et « commun consentement des clercs eux-mêmes, citoyens et com- « munauté de la susdite cité. »

les franchises d'Adémar Fabri sont de plus en plus connues, elles deviennent de plus en plus populaires. Bientôt, réimprimées, elles seront lues avec avidité dans Genève.

Le Petit Conseil tenait essentiellement à ce que personne ne pût les connaître ; l'édition gothique, publiée au commencement du seizième siècle, était à peu près épuisée, on ne communiquait à aucun prix le texte original de ces vieilles libertés, soigneusement caché dans les archives ; on semblait très particulièrement redouter cette lecture, à peu près comme on refusait officiellement communication de la procédure Servet, même à un professeur très bien pensant de la faculté de théologie génevoise, pour préserver à tout prix le nom du réformateur de la honte qui en devait être l'inévitable conséquence.

Le mémoire de Deluc, qui parut le 24 février 1757, rappelait en toutes lettres l'article des franchises et sapait par sa base tout l'édifice gouvernemental du dix-huitième siècle ; aussi fit-il beaucoup de bruit et éveilla-t-il vivement la curiosité publique. En face de ces attaques sérieuses, qui portèrent coup, le gouvernement sentit le besoin de se défendre, mais il se garda bien de se mettre directement en évidence. Comme le faisait la Vénérable Compagnie des pasteurs dans des cas de cette nature, il se servit de l'intermédiaire de l'un des siens et parut ne prendre aucune part à cette controverse; à ne voir que la surface, on aurait pu facilement croire qu'elle lui était indifférente. Au fond, c'était bien du gouvernement qu'il s'agissait : *de te fabula;* on ne l'interpréta pas autrement dans le public.

Je fais allusion à un autre mémoire qu'on fit circuler quelques jours après celui de Deluc (4 mars 1757); on fut généralement d'accord pour l'attribuer à un jurisconsulte de mérite, membre d'une des grandes familles génevoises, homme érudit, qui maniait la langue avec talent, à l'avocat Tronchin-Boissier. Or, l'avocat Tronchin n'était autre que Jean-Robert Tronchin, bien connu dans l'histoire du dix-huitième siècle, le même qui devint bientôt procureur général de la République, et qui eut, cinq ans plus tard, avec Jean-Jacques Rousseau, une polémique demeurée fameuse, dont on parle encore souvent (1); plus développées que le mémoire de 1757, les *Lettres écrites de la campagne* roulent au fond sur le même sujet, ce premier travail éclaire le second, et il a ainsi une véritable importance. Le travail de Deluc, de son côté, est, à certains égards, le précurseur du *Contrat social*; il est surprenant que ce point de vue et l'existence de ces mémoires n'aient pas encore été signalés jusqu'à ce jour par ceux qui ont fait, des écrits politiques du *Citoyen de Genève*, l'objet de leurs études.

Deux autres membres de la famille Tronchin figuraient dans le sénat; intimement lié avec les patriciens, patricien lui-même, Tronchin-Boissier se constitua, avec ardeur et conviction, le défenseur d'un régime privilégié qui compta dans son sein, il faut le reconnaître, plus d'un homme d'un vrai mérite.

C'est donc comme avant-coureur de la célèbre controverse entre Rousseau et Tronchin

(1) « Noble Jean-Robert Tronchin, né 1710, procureur général. épouse, 1748, Elisabeth-Charlotte, fille de Gaspard Boissier et de Charlotte-Catherine Rolaz du Rosey. » Galiffe, *Notices généalogiques*, tome II, p. 291.

que ce mémoire nous intéresse particulièrement ; il nous donne une idée plus exacte du mouvement et de la marche des esprits, il nous fait mieux comprendre la lutte si vive qui s'éleva à propos du *Contrat social*, il l'explique d'une manière toute naturelle. Antérieur de plusieurs années, il lui sert de vivant commentaire.

Quoique, au point de vue officiel, le Petit Conseil fût absolument étranger en apparence à cette controverse, le public génevois sut bien de qui émanait le mémoire, de quelle part il venait ; le ton gravement dédaigneux, que respiraient certains passages, aigrit sourdement des cœurs prévenus, excessivement tenaces, peu disposés à être agréables à des adversaires encore puissants et pour le moins aussi tenaces qu'eux. L'extrême ténacité, la ténacité raide, persévérante, fut un des caractères saillants de l'esprit génevois dans les luttes du siècle dernier.

Le crédit dont jouissait la famille Tronchin, sa puissance, sa richesse, le talent incontestable de l'auteur, tout donnait à ce premier mémoire une véritable importance. Il fut discuté de près dans le public, et les événements qui se déroulèrent, quelques années après, qui eurent un si grand retentissement, lui donnent aujourd'hui, à cent vingt-quatre ans de distance, une signification toute particulière, une importance plus grande encore.

Dans ce mémoire également, il était question de la Genève épiscopale; comptant, pour mettre ses adversaires mal à l'aise, sur les préjugés vivaces, soigneusement entretenus, contre l'ancienne Genève, par l'Eglise calviniste, Tronchin s'écriait d'un ton de mépris, — on peut comparer ce passage avec des passages analogues qui figurent dans les *Lettres écrites de la campagne* (1) :

(1) Voici, comme comparaison, deux passages empruntés à ces *Lettres* : « On s'enfonce dans les 14 et 15e siècle *(sic)* pour y « trouver l'esprit de notre *Constitution*. On le cherche dans les « franchises d'*Ademarus* Fabri en 1387, dans un acte de 1420, « où les Natifs et Habitants figurent en égalité avec les citoyens « et bourgeois. Et cela, dit-on, est conforme à la *Loi fonda-* « *mentale* de la République. » *Lettres écrites de la campagne*, p. 45.

« Et cette Ochlocratie tumultueuse dériverait de la Loi fonda- « mentale! On la fonderait sur des actes de 1387 et de 1420! On « l'aurait ramassée dans ces temps ténébreux où on n'aperçoit « pas encore *un corps de Bourgeoisie, puisqu'elle y mar-* « *che collatéralement avec le reste des Habitants.* » Idem page 95.

« *Que signifie la citation d'un acte passé du*
« *temps des évêques,* plus de cent cinquante
« ans avant que nous eussions une *Consti-*
« *tution?* Voudrait-on insinuer que le Conseil
« Général, ayant une fois proposé des col-
« lectes, a toujours le droit de reprendre ce
« moyen et tous ceux du même genre? A
« Dieu ne plaise que je soupçonne de sages
« citoyens de poser un *principe destructif, je*
« *ne dis pas de notre gouvernement, mais de*
« *tous les gouvernements du monde, un prin-*
« *cipe qui ferait plus de maux que le despo-*
« *tisme même* (1), *mais qu'il me soit permis*
« *d'observer que ces titres* surannés *ne doivent*
« *être employés que pour éclaircir des points*
« *d'histoire.* »

Ainsi, ce débat fort grave dans lequel doi-

(1) Les *Lettres populaires*, dans lesquelles on examinait la réponse faite aux *Lettres écrites de la campagne*, déclaraient que le *Contrat social saccageait toutes les lois de Genève et tendait à bouleverser la Constitution*. Il était ridicule, d'après l'auteur de cet écrit, d'invoquer les franchises d'Adémar Fabri ou l'acte de 1420. Le *Contrat social* livrait *tous les gouvernements aux caprices de la multitude, il ébranlait le gouvernement genevois* et en attaquait plus directement le principe. Voir, entre autres, p. 34, 36, 214, 219, 228-232, 243, 269, 270.

vent se discuter, au point de vue politique de la liberté, de la souveraineté, les mérites réciproques du gouvernement calviniste et du gouvernement épiscopal, ce débat qui va naître, dans quelques années, entre Rousseau et le procureur général Tronchin, s'élève déjà en 1757, entre J.-F. Deluc et le même jurisconsulte Tronchin. Celui-ci, toujours disposé à traiter un peu ses adversaires de haut en bas, ne voit, dans leurs théories, que *des subtilités* et *des systèmes, ouvrage de l'inquiétude et de la peur,* subtilités qui n'auront pas de lendemain, pas de vie; *ce qui n'est qu'esprit*, dit-il, *n'est qu'illusion et s'évanouit en présence d'une raison simple et pure.*

Tronchin, dont le jugement était, suivant Jean de Muller, plutôt dicté par l'humeur que fondé sur les principes, veut qu'on examine la question des bancs d'église, « sans finesse, sans amour pour nos opinions et dans la simplicité de notre cœur, » il renferme étroitement, autant que possible, la question dans les bornes étroites du droit civil, il invoque, en faveur du Petit Conseil, son *droit d'admi-*

nistration, une possession non interrompue et le droit de prescription.

« *Un changement peut conduire à un autre « changement ; ce n'est point par l'importance « de l'objet qu'il faut estimer l'importance d'une « loi qui règle la distribution des pouvoirs ; de « pareilles lois sont saintes*, il n'est permis d'y « toucher qu'avec timidité, et dans le cas « d'une nécessité extrême, et le gouvernement doit défendre un droit onéreux que la « *Constitution* lui a confié comme le privilège « le plus utile. »

« Le peuple, se demandait-il, est-il un so« phiste qui veuille jouer sur un mot et en « prendre avantage ? »

Au fond, les adversaires ne pouvaient que difficilement s'entendre, ils partaient de points de vue opposés et se plaçaient sur des terrains bien différents. Là où l'un n'apercevait qu'une simple question de droit civil, *de prescription ordinaire*, l'autre soulevait les plus hautes questions de droit public et parlait, comme allait le faire Rousseau, de *droits*, de *libertés imprescriptibles*. L'un ne voulait rien changer à la *distribution des pouvoirs*, l'autre demandait avec instance au gouvernement calviniste des innovations radicales. D'un côté, le vieil édifice aristocratique, de l'autre, la révolution.

Tronchin parlait de *sophismes* ; or, dans les deux camps, à côté de raisonnements sérieux, on ne se faisait pas faute de sophismes, à l'occasion. Aussi bien du côté du jurisconsulte que du côté populaire, on était loin de discuter, *sans finesse*, on ne maniait pas les armes avec bonhomie et débonnaireté, *dans la simplicité du cœur*, comme disait Tronchin. L'épithète de *perfide* ne se glissa-t-elle pas dans la correspondance de Rousseau et n'était-elle pas à l'adresse du procureur général [1] ? Rousseau ne traitait-il pas Vernet de sot et de fourbe, les ministres de *fous* et de *rogues* ? Il est vrai que c'est à l'époque où l'auteur des *Lettres de la montagne* n'épargnait pas à ses compatriotes les gé-

1 Dans ses *Confessions* [illegible] *Lettres* [illegible] procureur général Tronchin [illegible]

néral des épithètes fort dures, que je ne veux pas reproduire ici.

Aussi, lorsqu'il s'imagine, en 1757, que toute cette polémique va bientôt *s'évanouir* en face *d'une raison simple et pure*, celle sans doute qu'il met en avant dans son mémoire, Tronchin est-il loin de se faire une idée exacte de l'état général des esprits, de ce feu qui sourdement couvait sous la cendre, de ce petit volcan qui devait faire un jour une explosion terrible.

L'histoire de Genève, dans la seconde moitié du dernier siècle, le prouve surabondamment : les érudits et les savants, qui vivent surtout dans leur cabinet, n'ont pas toujours le coup d'œil pratique très juste (1).

Après cette vive polémique, dont les pages qui précèdent ne donnent qu'un bref et rapide résumé, quoique déjà bien long, on pensera peut-être que les débats sont clos sur la

(1) De notre temps, en 1846, quand la révolution éclatait à Genève, que la petite république était en armes, que M. James Fazy allait prendre les rênes de l'État, moins de vingt-quatre heures avant la chute du gouvernement genevois, un célèbre physicien disait naïvement : « Ce n'est rien, tout est fini dans une demi-heure. »

question des bancs d'église, mais ce serait peu connaître le caractère génevois. La polémique continue de plus belle, on écrit mémoire sur mémoire, on entasse Pélion sur Ossa. La *Lettre d'un Citoyen* riposte, d'une manière assez prolixe, au patricien jurisconsulte ; de nouveau, il est question, dans ce mémoire, *de l'époque et des franchises épiscopales.*

« L'auteur prétend, dit le publiciste ano-
« nyme, en faisant allusion à Tronchin, que
« l'acte de 1420 est *surанné* et qu'il ne doit
« plus être employé que pour éclaircir des
« points d'histoire, mais *qu'il nous fasse voir*
« *par quel édit il est révoqué, et en quel temps*
« *il a perdu sa force.* »

Peu de jours après, paraît la *Réponse d'un Citoyen à un autre Citoyen ;* le nouvel anonyme est évidemment un lettré : il invoque Plutarque, Montesquieu, Locke, Puffendorf, bref, sans produire des arguments nouveaux, le mémoire indique toutefois un homme instruit, mais le fond est toujours le même.

Puis, viennent les *Réflexions d'un Citoyen de Genève sur le pouvoir négatif des Conseils*

(20 mai 1757). La thèse de l'auteur, c'est que le gouvernement ne peut faire aucune levée de deniers quelconques, aucune collecte même, sans le consentement exprès de *l'ensemble* de la nation génevoise, et que *cet acte de 1420* (on remonte constamment à l'époque épiscopale qui n'a aucune valeur dans l'opinion du publiciste patricien), *demeure la loi fondamentale de l'Etat, relativement aux finances ;* le tout accompagné de nouveau de citations empruntées à Burlamaqui, Sidney, Locke, etc. Les auteurs de mémoires gardent volontiers l'anonyme, ils se qualifient souvent de *Citoyens*, sans l'être en réalité ; en tout cas, ils ne sont pas des ignorants.

Ce n'est pas la fin encore; en particulier, quelques semaines plus tard (septembre 1757), circulent les *Réflexions d'un Citoyen* (encore un citoyen) *sur le droit négatif ;* ce travail signale à son tour l'*abus fait contre les us et coutumes*, c'est-à-dire, contre les anciennes franchises de 1387, les franchises de l'évêque Adémar Fabri; puis, encore en septembre 1757, paraissent les *Eclaircissements touchant le louage des places dans les temples de Genève.*

Comme on le voit, les deux partis ont fait valoir en détail et à satiété leurs arguments, ils les ont reproduits vingt fois; si toutes les lois recevaient, de nos jours, une publicité pareille, elles seraient suffisamment connues.

Ces mémoires, que je n'ai fait connaître que sommairement et qui, réunis, formeraient un ou deux gros volumes, remontent, tous ou à peu près tous, aux neuf premiers mois de l'année 1757. Dans ces travaux divers, les souvenirs, les lois, les franchises des quatorzième et quinzième siècles sont maintenus et invoqués, ils jouent un rôle saillant dans la polémique, il en est question dans l'attaque, il en est question dans la défense. L'idée est reproduite ou combattue avec une suite et un ensemble remarquables. C'est bien là, on peut l'affirmer, l'affluent souterrain le plus important, la source directe la plus abondante des écrits célèbres qui sont, de quelques années, plus récents, et qui ont fait tant de bruit : le *Contrat social*, les *Lettres écrites de la campagne*, par Tronchin, les *Lettres écrites de la montagne*, par Rousseau; le premier, notamment, de beaucoup le plus connu de tous.

En parcourant l'année 1757, dans une *Histoire de Genève*, publiée, il y a bientôt cinquante ans, par un jurisconsulte du Midi de la France, je n'ai su trouver nulle trace de la polémique, très suivie et très vive, qui s'éleva à propos des bancs d'église ; cette lacune ne m'a nullement surpris.

Une partie de ces longs débats du dix-huitième siècle avait lieu, en effet, pour ainsi dire, à huis clos, dans le sein des différentes classes qui composaient la population. Quoiqu'ils la remuassent par moments de fond en comble, ils échappaient facilement à celui qui ne connaissait pas ou n'étudiait pas de fort près la Genève du dernier siècle ; il y avait là comme un voile, plus ou moins épais, qu'il fallait percer avant tout. Les partis s'enveloppaient volontiers dans un certain mystère qui semblait convenir à une petite nation peu habituée encore à la publicité ; chaque classe, de son côté, se défiait de l'autre et tenait à agir en quelque sorte à part; l'esprit calviniste n'est pas toujours d'ailleurs bien communicatif.

Voilà pourquoi un épisode intéressant et qui jette un jour inattendu sur une controverse célèbre, qui nous l'explique, qui nous la fait mieux comprendre, n'a pas même frappé un historien sérieux; cet écrivain cependant raconte d'autres événements, mentionne d'autres faits qui n'ont pas, au point de vue de la filiation des idées, quel que soit leur intérêt, la même importance que l'impôt sur les bancs des temples et la polémique qu'il a fait naître. Or, c'est à la filiation des idées que je me suis spécialement attaché dans ce mémoire et dans le précédent.

Après avoir signalé la source première du fleuve dans les glaciers du Haut-Valais, j'ai désiré le mieux connaître, et j'ai suivi dans ce but une partie au moins de son cours; ce travail d'investigation pourrait être entrepris sur une plus grande échelle encore. On trouverait facilement, soit avant, soit après la publication du *Contrat social,* une série de brochures et de mémoires invoquant, comme Rousseau lui-même, les institutions politiques de Genève, antérieures à la Réformation; l'une de ces brochures ne leur consacre pas moins de quinze pages. Ce travail semble maintenant inutile et ferait plus ou moins double emploi avec celui auquel je viens de me livrer.

Il serait plus intéressant, peut-être, d'examiner, attentivement et avec soin, comment le fleuve a été détourné de son cours, comment l'idée d'Adémar Fabri, qui était sage et libérale, qui comportait l'union et la concorde entre la population et le pouvoir, est devenue plus tard une idée radicale, extrême, hostile aux gouvernements et révolutionnaire, ce qu'elle n'était pas dans l'origine. Cette transformation si importante, quelles causes l'ont fait naître? Quels événements ont contribué à l'établir et quelle explication satisfaisante en peut-on donner?

Quoi qu'il en soit, il n'en est pas moins curieux de voir la Genève calviniste, et après elle, comme on l'a fort bien remarqué, un de ses enfants les plus illustres, emprunter à la législation du moyen âge et surtout à la législation épiscopale, l'idée-mère de leurs théories politiques; on aurait pu croire facilement, au contraire, que c'était une idée absolument nouvelle, moderne, qu'elle avait pris naissance dans le dix-huitième siècle, dans cette génération même au milieu de laquelle elle se produisit avec un éclat extraordinaire, et remua bientôt profondément les esprits.

ORIGINE

DES

IDÉES POLITIQUES DE ROUSSEAU (1)

« Les choses, vous le savez, changent de « face avec le temps et les usages, ce qui « était bon sous Titus ne valait rien sous « Tibère. » *Les bigarrures d'un citoyen de Genève et ses conseils républicains dédiés aux Américains*. 1777. Tome II, page 18.

III

Deux mémoires, insérés dans les publications de l'Institut génevois (2), ont abordé, sur l'*Origine des idées politiques de Rousseau*, des questions nouvelles et d'un haut intérêt; on ne saurait, en effet, méconnaître l'importance des recherches relatives au *Contrat social* et à l'écrivain de génie qui a été, en

(1) Ce mémoire figurait à l'ordre du jour de la séance générale et publique de l'Institut génevois, tenue à Genève le 23 mai 1881, et il a été lu en partie, à Lausanne, le premier juin suivant, dans la séance annuelle de la Société d'histoire de la Suisse romande.

(2) *Bulletin de l'Institut génevois*, tome XXIII, p. 19-44, et tome XXIV, p. 174-204. Ces deux mémoires ont été tirés à part.

quelque sorte, dans les temps modernes, le porte-drapeau de la démocratie, « à l'inspirateur immédiat et direct, comme on l'a dit récemment, de la déclaration des droits de l'homme. »

Le premier mémoire a établi, par une série de preuves concordantes et de textes indiscutables, émanant en particulier de Rousseau lui-même, que les principes les plus saillants de ses théories politiques ont été empruntés par lui aux franchises nationales (1), la plupart déjà bien anciennes, que promulgua dans Genève, en 1387, le prince-évêque, Adémar Fabri (2); on sait que le nom de ce prélat est demeuré populaire, malgré les siècles qui nous séparent de lui, malgré l'existence plus d'une fois orageuse d'une ville qui a vu se dérouler tour à tour, dans son enceinte, la révolution religieuse du seizième siècle, plus radicale à Genève

(1) « *A la Constitution primitive du gouvernement de Genève.* » *Huitième Lettre écrite de la montagne.*

(2) Le *Citadin de Genève*, publication calviniste, semi-officielle, destinée à combattre les prétentions de la maison de Savoie sur Genève, cite Adémar Fabri, à plusieurs reprises.

que partout ailleurs, et la grande révolution politique de la fin du siècle dernier. Comme les libertés de l'Angleterre, les libertés genevoises ont leur source dans le moyen âge (1).

Le deuxième mémoire a prouvé, d'une manière catégorique, que, dans une controverse qui précéda, de peu d'années, la publication du *Contrat social*, les principes essentiels de cet ouvrage avaient déjà été émis et discutés dans Genève, avant d'être répandus et popularisés par le talent de Rousseau; il a établi que le débat fameux qui s'éleva entre ce dernier et le procureur général Tronchin avait eu lieu auparavant, sur les mêmes bases, et au fond avec les mêmes idées, entre l'avocat Tronchin-Boissier (qui devint bientôt le procureur général Tronchin), et Jacques-François Delue père, un Genevois de l'opposition, ami intime de Rousseau.

En terminant ce deuxième mémoire, après avoir fait allusion aux nombreuses brochures

(1) *Correspondant*, livraison du 25 juillet 1878, p. 352.

publiées, soit avant, soit après le *Contrat social*, je m'exprimais ainsi:

« Il serait plus intéressant peut-être d'examiner attentivement et avec soin comment l'idée d'[illegible], qui était sage et libérale, qui comportait l'union et la concorde entre la population et le gouvernement, est devenue plus tard une idée radicale, extrême, hostile aux gouvernements et révolutionnaire, ce qu'elle n'était pas dans l'origine. Cette transformation si importante, quelles causes l'ont fait naître? quels événements ont contribué à l'amener et quelle explication suffisante peut-on en donner ? (1) »

Dans un rapport présenté à l'Académie des sciences morales et politiques de France (2), l'illustre et sympathique correspondant de ce corps savant reconnaît que « ces questions sont certainement d'une grande importance », et il est à [illegible] quelques-unes [illegible] à

[illegible]

les résoudre [illegible] point non un encouragement [illegible] je veux essayer [illegible] aussi sommairement [illegible] limite de mes forces.

[illegible]

Comme [illegible]

l'auteur du *Contrat social*, et quelle portée devaient avoir, suivant lui, dans le dix-huitième siècle, ces principes qu'il empruntait à la Genève du quatorzième, en les modifiant plus ou moins, suivant la différence des temps.

« Pour bien étudier les lois politiques d'un « État moderne, *il faut les prendre à leur ori-* « *gine*, et suivre l'ordre de leur composition. « *Cela est surtout vrai des petits gouverne-* « *ments comme celui de Genève.* »

J'emprunte textuellement ces paroles aux manuscrits de Rousseau, conservés dans la bibliothèque de Neuchâtel, et j'aurai l'occasion, dans ce travail, de les citer encore très souvent (1).

Au fond, ce passage de Rousseau, c'est exactement ce qu'avaient dit les *Lettres anonymes* répandues à Genève, en 1718 : « *Quelle règle suivre pour bien connaître ce qu'était notre ancienne forme de gouvernement, et notre ancienne Constitution, si ce n'est de* [illegible] *à l'origine de notre* [illegible] ? »

(1) [illegible]

C'est ce que Montesquieu exprime d'une manière plus générale : « Il faut éclairer l'histoire par les lois, et les lois par l'histoire (1). »

Au point de vue de ses tempêtes, de ses révolutions, de ses luttes civiles longues et opiniâtres, l'histoire de Genève est des plus instructives ; l'intérêt qu'elle présente ressort avec plus d'évidence encore lorsqu'il s'agit spécialement de Jean-Jacques Rousseau ; c'est là qu'il reçut ses premières impressions, c'est en vue de sa ville natale qu'il a rédigé et publié ses écrits politiques. L'étude de cette histoire est donc indispensable pour bien comprendre le *Contrat social*, pour saisir plus d'un point qui, sans cela, nous échappe.

Dans cette étude, on me permettra de laisser à dessein de côté les considérations secondaires, les détails ; je me bornerai aux grands traits, je laisserai parler le contraste saillant entre deux civilisations profondément différentes, dans la même ville, à quelques siècles de distance ; malheureusement, cette histoire est encore à faire. Pour le dix-hui-

(1) *Esprit des lois*, XXXI, 2.

tième siècle, elle est trop rapprochée de nous et loin d'être suffisamment étudiée; pour les temps antérieurs à la réformation, elle est superficiellement connue, elle a été même systématiquement dénaturée par deux écrivains à gages du gouvernement de Genève, Froment et Bonivard. Au dire d'un historien très calviniste, Michel Roset (1), *leurs œuvres sont farcies de choses contraires à la vérité.*

I

De tous les principes mis en avant, il y a quelques siècles, et qui contribuèrent peu à peu à saper les institutions féodales et à nous acheminer vers la civilisation moderne, il en est un dont l'importance a été des plus grandes. Lorsque les villes libres augmentèrent notablement en Europe, que nombre de communes jurées, plus ou moins indépendantes, s'établirent çà et là, à cette époque extrêmement intéressante, qu'on pourrait ap-

(1) Amédée Roget. *Histoire du peuple de Genève*, tome VI, p. 290.

peler la grande révolution du moyen âge, on admit, dans une large mesure, le principe que *le droit de bourgeoisie s'acquérait par demeure d'an et jour ;* ce qui avait été introduit, dit Loisel (1), en faveur des serfs, pour qu'ils pussent parvenir à la franchise et que les villes se peuplassent. Ce principe fécond tendit à vivifier les communes libres, il ouvrit une large porte à l'émancipation des taillables et corvéables qui saisirent avec empressement, souvent avec habileté et persévérance, les occasions favorables d'en profiter. Comme tous les principes nouveaux qui touchent à de graves intérêts, qui tendent à modifier puissamment l'état de la société, il ne passa point, en quelque manière, d'emblée et sans contestation.

Lorsque les franchises d'Adémar Fabri furent promulguées, en 1387, Genève, ville impériale, n'avait, pour ainsi dire, pas de territoire; elle était entourée, à quelques kilomètres de distance, d'un cercle de petites

(1) *Institutes coutumières*, avec notes d'Eusèbe de Laurière. Paris, 1758. Tome I, p. 70.

villes avec lesquelles elle avait contracté des espèces d'alliances dont l'origine se perd dans la nuit des temps. Elle recrutait essentiellement sa population dans des contrées dont elle était, par sa position, comme la capitale naturelle.

Le principe de la *demeure d'an et jour* joua, dans ces circonstances, un rôle dont on ne saurait calculer la portée ; il alimenta sa population d'hommes qui avaient à peu près les mêmes mœurs, le même degré de civilisation, et qui lui étaient essentiellement sympathiques. Elle trouva en eux de vivants soutiens de l'indépendance génevoise. Dans sa fameuse requête pour obtenir droit de juridiction sur la ville du Léman, Amédée VIII articulait que la majeure partie de ses habitants était d'origine étrangère ; c'est assez dire quelle influence prépondérante avait ce principe dont l'importance était capitale pour Genève ; c'était, on peut l'affirmer, une question de vie ou de mort pour la ville impériale.

Introduits dans Genève, comme des enfants de la famille, les nouveaux habitants étaient accueillis avec une largeur dont nous n'avons plus aujourd'hui aucune idée ; après un séjour d'une courte durée, ils étaient assimilés aux citoyens et mis sur le même pied qu'eux. En fort peu de temps, il n'existait plus aucune différence entre ceux qui étaient nés à Genève et ceux qui, nés hors de ses murs, venaient partager sa destinée et défendre son indépendance. Comme l'a fort bien remarqué Rousseau lui-même, « il « n'y avait aucune inégalité de droit dans la « bourgeoisie. Car alors la différence des ci- « toyens aux bourgeois n'existait pas, et « tous pouvaient également parvenir aux « charges..... le mot de natif n'était pas plus « connu que celui de citoyen (1). »

Ailleurs, il s'exprime ainsi, en parlant de Genève : « Son administration municipale « était *aussi démocratique qu'il était possible.* « *Le peuple ne reconnaissait ni classes ni pri-* « *vilèges, ni aucune inégalité parmi ses mem-* « *bres.* Il agissait ou par lui-même en Conseil « Général, ou par ses procureurs appelés

(1) *Revue suisse*, 1861, p. 463.

« syndics, qu'il élisait annuellement, et qui « lui rendaient compte de leur administra- « tion ; *nul ordre intermédiaire ne s'interpo-* « *sait entre eux et lui, et c'est là le vrai carac-* « *tère de la démocratie* (1). »

On alla même plus loin; des citoyens de Genève, libres dans la ville impériale, obtinrent les plus hautes dignités dans la bourgeoisie, devinrent les présidents et les administrateurs de la commune, tout en restant, bien des années encore, taillables ou corvéables dans la localité dont ils étaient originaires; on vit aussi, les villes italiennes nous offrent des exemples analogues, un étranger élu syndic de Genève. Où trouver de nos jours des exemples semblables? C'est une largeur inconnue de notre temps.

Il est inutile d'ajouter que je ne parle point du moyen âge en général, que je signale seulement, dans ces villes libres qui existaient

(1) *Revue suisse*, 1861, p. 462... « *La grande famille dont* « *tous les membres sont naturellement égaux.* » — « *L'é-* « *galité naturelle entre les hommes.* » Rousseau. *De l'économie politique. Œuvres de Rousseau*, tome III, p. 278, 283. (Edition Hachette.)

alors çà et là, comme des îles dans la mer, un état social très avancé, comportant l'examen et la discussion de problèmes ardus, de questions graves qu'on croirait, au premier abord, essentiellement modernes.

Une population ainsi composée était des plus homogénes, c'était une unité compacte, elle ne comptait pas dans son sein des classes différentes, tous les habitants de Genève siégeaient les uns à côté des autres, parfaitement égaux dans le Conseil Général de la cité. Ce que nous appelons la vie publique se développait ainsi naturellement; un esprit éveillé et intelligent prenait part aux assemblées fréquentes de la bourgeoisie et les franchises locales ne manquaient pas de fermes défenseurs. Comme conséquence de cette vie publique, il y avait là, on le comprend, des traditions et des souvenirs qui servaient de premier et vigoureux contrepoids à la mobilité d'une organisation essentiellement démocratique.

Sous ce dernier rapport, on ne remarquait point, d'ordinaire, un entraînement exagéré; plus d'une fois, l'esprit de routine et les préjugés s'opposèrent à des innovations utiles qui devaient l'emporter tôt ou tard, dans l'intérêt de Genève. Mentionnons, par exemple, l'aveugle opposition que fit, dans le quinzième siècle, la bourgeoisie de Genève, lorsqu'un prince-évêque de la maison de Savoie, devançant son époque, mit en avant, contre vents et marée et contre les intérêts de sa propre famille, le projet d'alliance avec les villes suisses, et le fit aboutir par son énergie, malgré l'impopularité qui en fut pour lui la conséquence. C'est ce qui a fait dire avec raison à Rousseau que Jean-Louis de Savoie *fonda la République* (1); de nos jours encore, on a vu avec surprise un honorable historien, M. Amédée Roget (2), nier l'existence de ce traité, malgré l'évidence des preuves, au moment même où il s'imprimait officiellement dans le grand recueil historique de la Suisse.

Cette démocratie municipale de Genève avait, d'ailleurs, même aux époques de schisme, un autre contre-poids puissant dont

(1) *Revue suisse*, 1861, p. 515, 516.

(2) *Les Suisses et Genève*, 1864, tome I, p. 48 et 405. M. Roget a dû reconnaître lui-même son erreur.

l'influence heureuse se fait sentir dans une immense contrée qui prend de plus en plus un développement extraordinaire, dans les Etats-Unis d'Amérique; le sentiment religieux a, dans cette grande république, sur toute la société, sur tous ses actes, sur la presse même, une influence des plus salutaires. Ce contre-poids existait aussi dans la Genève du quatorzième siècle.

Rappelons, d'un autre côté, que la commune génevoise, quoique fort libre dans ses allures, ne possédait pas une autorité absolue ; le prince-évêque exerçait toujours les droits suprêmes de la souveraineté qui avaient été extrêmement restreints. Son pouvoir se faisait peu sentir, il avait gardé le droit de grâce, le droit de battre monnaie et quelques autres droits fort amoindris par une suite de concessions volontaires, il percevait certains revenus qu'il avait réduits considérablement en faveur des citoyens ou qu'il avait consenti à partager avec eux. Sa puissance, plutôt nominale qu'effective, était avant tout une puissance morale et respectée, d'autant plus grande qu'elle se faisait peu sentir, qu'elle était, pour la ville et pour les citoyens, un bouclier protecteur, qu'elle ne s'imposait point par la force ou la violence. Les princes-évêques de Genève ne s'entourèrent jamais, pour fléchir la volonté et l'indépendance des citoyens, d'une garnison armée, ils n'eurent pas de prétoriens à leur service. « Les évêques, dit Rousseau, n'eu- « rent jamais de garnison dans la ville, ni « de troupes à eux, ni l'autorité des armes. « Ils n'imposèrent jamais de peines capi- « tales, ni par eux-mêmes, ni par leurs offi- « ciers immédiats (1). »

Aux considérations qui précèdent, ajoutez une circonstance dont la portée frappe immédiatement celui qui a quelque notion de l'ancienne histoire de Genève, si négligée de nos jours.

Dans le treizième et le quatorzième siècles, Genève était entourée de trois souverainetés distinctes : deux petites souverainetés plus ou moins faibles ou affaiblies par une série de guerres : le Faucigny et le comté de Gé-

(1) *Revue suisse*, 1861, p. 147.

nevois, et une troisième souveraineté qui grandissait peu à peu, se préparant à jouer un rôle de plus en plus prépondérant dans nos contrées, la Savoie. Entre ces souverainetés souvent ennemies, de graves événements se produisirent, il y eut entre elles de rudes chocs; à plusieurs reprises, ces luttes violentes faillirent faire sombrer l'indépendance génevoise; sans la prudence, l'énergie et le patriotisme des princes-évêques et du chapitre intelligent et instruit qui les assistait toujours, la barque de Saint-Pierre de Genève aurait chaviré vingt fois durant le moyen âge.

Les comtes de Savoie, — ils ne devinrent que plus tard ducs et rois, — aspiraient en effet à obtenir la souveraineté de Genève; cette ville, située au milieu de leurs Etats, et son beau quoique petit territoire convenaient fort à leur ambition. Soit dans le treizième siècle, sous Pierre de Savoie, surnommé *le petit Charlemagne*, soit dans une partie du siècle suivant, ils nouèrent, contre la ville impériale, un ensemble de menées habiles; ils tâchèrent de s'emparer de l'esprit des citoyens et d'annexer Genève à leurs États [illegible] menées sourdes étaient plus dangereuses que la force ouverte, et [illegible] dire, l'indépendance [illegible] un fil, elle était à jamais perdue sans la [illegible] énergie des prélats [illegible] rent des hommes d'État [illegible] et d'un vrai talent [illegible] pour Genève et d'un grand [illegible]

Lorsque, en 1307 [illegible] tre et sanglante, [illegible] nale, que le parti [illegible] que les chefs du parti [illegible] sur cette colline de Champel [illegible] de Servet devant rendre [illegible] célèbre, c'en était fait [illegible] Genève sans l'ext[illegible] évêque. Aymon du [illegible] un long exil, tint ferme [illegible] que, de gré ou de force [illegible] citoyens ; c'est ce [illegible] Rousseau (1) que [illegible]

(1) Revue suisse, 1864 [illegible]

défenseurs [illegible]
usurpateurs [illegible]

Les citoyens [illegible] prendre [illegible] de sorte que [illegible] [illegible] [illegible] des [illegible] [illegible] en effet [illegible] défendre [illegible] [illegible]

Tout était [illegible]

[illegible]

Il fut procédé à l'élaboration de ce grave travail avec une diligence et une maturité extraordinaires. Les [illegible] en vers dans ce but donnèrent les garanties les [illegible] que les rapports [illegible] et qu'il ne resta point dans cette [illegible] en [illegible]. On [illegible] que, lorsque Madame [illegible] de [illegible] règle-ment [illegible] qui [illegible] [illegible] comme un modèle ?

N[illegible] nous [illegible] sur les dispositions qui [illegible] à ce [illegible], soit dans le chapitre de Saint-[illegible] [illegible] sulte Mallet) le reconnaissent avec une grande franchise; on a fait disparaître, entre autres, plusieurs anciennes chroniques genevoises qui eussent été des plus précieuses.

Ce que nous savons bien, c'est que les franchises, une fois promulguées par Adémar Fabri, furent immédiatement populaires et qu'elles ne cessèrent jamais de l'être jusques dans les temps modernes, elles le sont encore aujourd'hui. Après la lecture d'un document de ce genre, [illegible] un des hommes d'État qui ont eu la plus grande influence sur Genève [illegible] pas s'écrier comme Mme [illegible] : « C'est la liberté « qui est ancienne et le despotisme qui est « nouveau [illegible] nettement [illegible] authenti- « que [illegible] de « Genève [illegible] sa li- « berté ? [illegible] ment « n'est pas [illegible] aux Genevois

[illegible]

« que ne l'est aux Anglais la grande Charte « encore plus ancienne (1). »

Emettre l'opinion, comme l'a fait un peu à la légère un auteur allemand, qu'il dépendait du pouvoir épiscopal de supprimer à son gré les franchises, c'est commettre la plus grave erreur. Avant d'entrer en fonctions, le prince-évêque devait prêter serment de respecter les franchises et il ne lui aurait pas été possible, sans forfaire à l'honneur et à sa conscience, d'essayer de les enfreindre. Il y avait entre lui et les citoyens de Genève, une véritable convention, — convention tacite, tout au moins, — qui le liait de la manière la plus expresse. Au surplus, les citoyens furent toujours de vigilants gardiens de leurs libertés; ils n'auraient pas permis qu'on y portât la moindre atteinte. Comment le prince-évêque, qui n'avait pas de force armée, aurait-il pu faire un coup d'Etat ?

Eu égard à cette époque lointaine (2), l'or-

(1) *Huitième lettre écrite de la montagne.*

(2) « Transporter dans des siècles reculés, a dit Montesquieu, toutes les idées du siècle où l'on vit, c'est des sources de l'erreur celle qui est la plus féconde. » *Esprit des lois*, XXX, 14.

ganisation de Genève était donc des plus libérales; les *franchises civiles*, (à prendre ce mot dans le sens le plus large), dont jouissaient les citoyens génevois étaient des plus étendues; elles n'étaient pas les seules ou à peu près les seules, comme semble le croire l'auteur allemand, leurs *franchises politiques* étaient loin aussi d'être insignifiantes. Ils avaient le droit de se réunir en assemblées générales, de prendre des décisions comme corps moral, de nommer des représentants qui émettaient et promulguaient des réglements obligatoires dans la cité, ils participaient directement à l'administration de la justice civile et criminelle, ils pouvaient établir des impôts dans l'intérêt de la communauté, leur consentement était requis lorsqu'il s'agissait de battre monnaie, ils avaient, en un seul mot, un certain nombre de droits véritablement importants; ils participaient ainsi, dans une large mesure, à la souveraineté même. C'est de l'ensemble de ces droits que parlait Rousseau, à propos du quatorzième siècle, lorsqu'il se servait, comme il l'a fait à plusieurs reprises, de l'expression *la liberté.* C'est la même expression que j'ai employée moi-même, après lui, pour désigner l'ensemble des franchises dont jouissaient les citoyens génevois.

Quoi qu'il en soit, l'organisation politique de Genève, dans le quatorzième siècle, n'était point, comme on le voit, taillée avec art, logiquement, symétriquement, ainsi que pourrait l'être une construction moderne, absolument nouvelle et pour l'édification de laquelle l'architecte aurait eu pleine liberté. Il y avait plutôt, dans la ville impériale, une espèce de pondération établie par le temps lui-même, par les événements, par de longues luttes entre des pouvoirs divers, en un mot, par une suite de circonstances ; sous ce rapport, cette pondération rappelait de loin l'Angleterre, si l'attachement des citoyens à la charte d'Adémar Fabri rappelait celui des Anglais à leur grande Charte, c'est-à-dire à leurs vieilles franchises nationales.

En remontant ainsi à la source même du gouvernement, en éclairant, suivant le conseil de Rousseau, *ce qui existait par ce qui s'était passé depuis longtemps* (1), nous pourrions mieux comprendre quelle a été, au moment même de la promulgation des franchises de 1387, la signification et la portée de ces principes nouveaux qu'Adémar Fabri introduisit dans Genève, qu'il emprunta à une localité obscure et que l'auteur du *Contrat social* devait lui emprunter à son tour. Ces dispositions par lesquelles le prince-évêque déchirait, en faveur des citoyens, le parchemin féodal, donnaient au prélat et à ses successeurs tout le prestige de la popularité ; elles proclamaient solennellement que les princes-évêques étaient disposés non-seulement à respecter les libertés génevoises, mais aussi à les développer ; elles avaient encore une autre signification qui n'a pas été suffisamment remarquée et qui a un caractère saillant. Elles opposaient une digue infranchissable, *perpétuelle*, aux prétentions séculaires de la maison de Savoie sur la souveraineté de Genève, elles déclaraient d'avance nuls et sans valeur tous les projets contraires à la

(1) *Revue suisse*, 1861, p. 39.

pleine indépendance de la ville impériale, même s'ils étaient momentanément couronnés de succès.

Ces différentes causes expliquent, de la manière la plus satisfaisante, l'immense faveur avec laquelle elles furent reçues, la constante popularité dont elles jouirent, notamment dans le dix-huitième siècle, malgré les efforts du Petit Conseil pour les faire oublier, malgré le dédain que les partisans de ce corps et le procureur général Tronchin, tout le premier, n'épargnèrent pas à ces *titres surannés*, à cette vieille charte nationale. Dès l'année 1763, nous voyons les représentants *invoquer les franchises d'Adémar Fabri* et *s'appuyer sur une* LOI FONDAMENTALE DE L'ÉTAT *écrite dès* 1387 et 1420 (1). Elles avaient déjà été invoquées auparavant à plusieurs reprises (2).

Les citoyens de Genève promettaient, en-

(1) Voir notamment les *Représentations et écrits des années 1763 et 1765, et du mois de janvier 1766, et réponses du Conseil*. Chez les frères de Tournes, 1766, p. 34 et 39.

(2) Ecrit de 1734, intitulé : *Tombeau de l'Edit de 1570*.

tre autres, dans leur serment, « d'observer et garder les *libertés, franchises, us et coutumes,* édits, statuts et ordonnances de la cité. » Rousseau et les représentants admettaient que les franchises du quatorzième siècle étaient toujours en vigueur.

Ces franchises sauvegardaient, dans une large mesure, la liberté ; lorsqu'un auteur allemand soutient que la bourgeoisie n'a pris naissance à Genève qu'avec le seizième siècle, et qu'avant 1535, il n'y avait, dans la ville impériale, que des sujets, il prouve immédiatement qu'il ne connaît pas l'histoire de la ville dont il parle et qu'il n'est pas au courant de sa vie publique dans les siècles passés (1). D'après Rousseau lui-même, dont il ne récusera pas l'autorité, les Génevois jouissaient, sous la souveraineté de leurs princes-évêques, des droits dont Neuchâtel jouissait sous ses princes (2). Or, d'après Rousseau encore, les Neuchâtelois avaient « conservé sous leurs souverains à peu près

(1) *Bulletin de l'Institut génevois*, tome XI, p. 234.
(2) *Huitième Lettre écrite de la montagne.*

« la même liberté qu'avaient les autres « Suisses (1). » L'auteur allemand soutiendra-t-il peut-être que les autres Suisses étaient simplement des sujets? Le Syndic, Jean-Robert Chouet, qu'il cite encore, déclare, dans son mémoire adressé à milord Townsend, sur l'histoire de Genève, que les privilèges qu'avait autrefois le peuple de cette ville *lui faisaient comme partager la souveraineté avec ses évêques* (2). D'après Rousseau lui-même, les franchises « rendaient la *ville libre* et *presque républicaine* sous l'autorité d'un souverain, » et ailleurs : « Le Génevois... était *beaucoup plus libre que s'il eût été tout à fait républicain* (3). »

Nous sommes bien loin des affirmations de l'auteur allemand ; les autorités qu'il cite lui donnent tort. Pour juger Genève, il faut

(1) *Lettre du 20 mai 1762, adressée au maréchal de Luxembourg*, XI, 15.

(2) A l'époque de Rousseau, si nous en croyons les représentants, le Petit Conseil, « joint au Conseil des Deux cent, s'était emparé successivement de tous les droits de souveraineté, aux exceptions près. » Ces exceptions étaient bien peu de chose.

(3) On ne sait quand le vrai droit de bourgeoisie a « commencé, on sait seulement qu'il est fort ancien. » Ainsi s'exprime Rousseau. *Revue suisse*, 1861, p. 402.

se placer en effet, non au point de vue prussien, mais au point de vue génevois.

Ainsi, les franchises établissaient, entre les citoyens et le pouvoir, l'union et la concorde, elles resserraient les liens qui existaient entre eux et rendaient Genève plus homogène, plus forte contre tout empiétement d'un pouvoir étranger. On ne tarda pas à en avoir la preuve. Aussi dois-je m'arrêter quelques instants à ce Conseil Général de 1420 que Rousseau admirait tant, qui éveillait le mépris superbe de son habile adversaire, le procureur général Tronchin, et que peu de personnes connaissent à l'étranger; je reste ainsi complètement dans le cercle tracé par eux; car, dans leur polémique, il est plus d'une fois question de ce célèbre Conseil Général.

Trente-trois ans après la promulgation des franchises, on put constater, par une épreuve solennelle, quelles étaient les sympathies des citoyens, au point de vue de l'existence de Genève, comme souveraineté libre, comme petit pays indépendant. Une question capitale était en jeu, elle se posait en plein jour, grâce au patriotisme de Jean de Pierre Cize, le successeur d'Adémar Fabri, sur le siège de Genève.

Il s'agissait de nouveau des desseins ambitieux de la maison de Savoie, qui avait alors à sa tête un homme d'un rare talent, Amédée VIII, le même qui fut le premier duc de Savoie et qui, après avoir été antipape sous le nom de Félix V, est bien connu par sa retraite à Ripaille, sur les bords du lac de Genève. Peu d'années auparavant, il était parvenu à se rendre maître, par voie d'achat, de ce comté de Génevois qui avait, durant des siècles, résisté aux prétentions de ses ancêtres. Le territoire de Savoie s'étendait ainsi jusqu'aux portes de Genève ; le flot montait toujours et menaçait d'engloutir la ville impériale qui conservait son indépendance à côté de ce beau territoire désormais partie intégrante de la Savoie.

Amédée VIII désirait davantage encore, ses regards étaient tournés sur Genève ; comme il s'agissait d'une souveraineté ecclésiastique, il entama, suivant l'usage du temps, une procédure devant le saint-siège, pour mettre à exécution ses desseins. Il avait exposé officiellement que la conquête de Genève était, pour l'administration d'une bonne justice, une nécessité, que sa famille avait sur cette ville des droits étendus, que la majeure partie des habitants n'y était pas née, que la souveraineté génevoise ne comprenait qu'une ville et des châteaux ou mandements plus ou moins éloignés, que des crimes de toute nature se commettaient journellement à Genève, que le prince-évêque était incapable de satisfaire à tout ce qu'exigeait une justice bien rendue, bref, que, dans l'intérêt de la ville elle-même, il était indispensable de la faire passer sous la domination de la maison de Savoie. Il offrait, en outre, une très large compensation au prince-évêque ; trois hauts personnages avaient été nommés aux fins de constater officiellement les faits allégués.

Fidèle à son serment, le prince-évêque ne se laissa pas séduire par des offres intéressées; il opposa aux prétentions d'Amédée VIII la plus énergique résistance. Le chapitre de Saint-Pierre se prononça à l'unanimité en faveur de l'indépendance de Genève, et, ce qui prouve bien que les citoyens n'étaient pas étrangers à tout ce qui avait trait à la souveraineté du pays, le Conseil Général fut immédiatement convoqué, soit au son de la cloche, soit, en outre, chaque citoyen, personnellement ou à son domicile. Le prince-évêque dévoila les plans d'Amédée VIII et mit à nu les projets qui s'agitaient dans l'ombre.

Le Conseil Général fut excessivement nombreux ; ecclésiastiques et laïques, nobles et roturiers (*nobiles et ignobiles*), marchands, manouvriers, propriétaires, toutes les classes, en un mot, *tous égaux en droit*, se prononcèrent, également à l'unanimité, après une délibération longue et solennelle (*spatiose et morose habita deliberatione*), contre les prétentions d'Amédée VIII. Qui aurait dit que, cent treize ans auparavant, dans la même ville, la majorité des citoyens avait acclamé la maison de Savoie, qu'Aimon du Quart avait dû s'exiler plusieurs années pour tenir haut et ferme le drapeau genevois et sauver l'indépendance de la ville impériale ?

Tant les principaux [illegible] par Adémar Fabri dans [illegible] relevé le patron [illegible]

[illegible] Conseil Général [illegible] mémorable, le genre [illegible] procès-verbal [illegible] les archives [illegible] qu'en parlant [illegible] l'élégance d'un [illegible] d'un patriote [illegible] publique [illegible] être dans l'acte [illegible] mettre le recours [illegible]

Le résumé [illegible] donne à penser [illegible] ment, la plus [illegible] toute de Genève [illegible] [illegible] conclut, et que [illegible] avec admiration.

Il est temps de conclure.

[illegible]

[illegible]

[illegible]

[illegible]

Voyons maintenant leur mise en [illegible] [illegible] par les élèves [illegible] [illegible] la logique du Contrat social et ce qu'elles commandaient [illegible]

[illegible]

revint dans son pays, en 1754, ou à l'époque de la publication du *Contrat social*, et son organisation dans le quatorzième siècle, est sans doute un des moyens les plus utiles de comprendre la portée de ses idées politiques. C'est ce contraste que je me propose de faire ressortir et c'est dans ces limites seulement que je veux essayer de répondre à la question qui vient d'être posée, question vaste en elle-même, à laquelle il serait nécessaire de consacrer, pour l'examiner à fond, de longs développements. Mon plan est plus modeste et mon ambition moins grande.

Un des écrivains du seizième siècle, Bonivard, avoue lui-même avec franchise que, dès les premiers temps qui suivirent l'établissement de la réformation à Genève, on commença à saper par leur base les principes d'égalité entre toutes les classes de la nation, qui étaient un des caractères saillants de la Genève épiscopale. On créa immédiatement, au point de vue des droits, entre les *citoyens*, les *bourgeois* et les *habitants*, des différences qui n'existaient point auparavant ; « car paravant, dit Bonivard, ni en nom, ni en faict, nhauoit différence (1). » En d'autres termes, dès les premières années du régime nouveau qui déclarait rétablir le christianisme dans sa pureté, on organisa, entre les Génevois, contrairement à l'esprit du christianisme, une inégalité officielle, absolument inconnue à l'époque précédente. C'est sur la base de l'inégalité (2) que reposa désormais l'organisation politique génevoise.

De la même époque date l'amoindrissement du Conseil Général, de ce Conseil souverain que vantait Rousseau avec enthousiasme et sans l'existence duquel tout son système s'ébranle et croule. C'est ce que reconnaissent sans détour les *Lettres populaires* publiées à la suite des *Lettres écrites de la campagne*, et qu'on croit généralement rédigées aussi par Tronchin, avec l'aide de Paul-Henri Mallet, l'auteur de l'*Histoire du Danemark*. Elles rappellent que « deux livres

(1) *De l'ancienne et nouvelle police de Genève*, édition Revilliod, p. 25 et suivantes.

(2) La véritable Constitution genevoise « *reposait sur une parfaite égalité entre tous les citoyens.* » *Réponse aux lettres écrites de la campagne*, 1764, p. 231.

« trop fameux, *Emile* et le *Contrat social,* ont « donné le signal des divisions qui travail- « lent Genève », elles se prononcent vivement en faveur de la *Constitution aristocratique* introduite dans la république, dès le seizième siècle, et font remarquer que le *Conseil Général,* après la retraite de l'évêque, *ne tarda pas à se lier dans l'exercice de son pouvoir législatif.*

« C'est à l'époque des édits de 1541 et de « 1543 qu'on peut rapporter la découverte « des principes qui font le nœud de *notre* « *Constitution*; ce fut alors que le *Conseil* « *Général, enchaînant sagement lui-même sa* « *puissance législative, en fit dépendre l'usage* « *du consentement du Petit Conseil et du Deux-* « *Cent* (1). »

Ainsi, dès l'avènement du régime calviniste, le Conseil Général fut privé de ses attributions essentielles, il cessa d'être Conseil souverain, dès la même époque une partie

(1) *Lettres populaires.* Lettre XXXIX. — Le principe opposé, disait Tronchin, dans la polémique de 1757, à propos des taxes sur les bancs des temples, était un « principe destructif « qui ferait plus de maux que le despotisme même. »

du peuple de Genève cessa d'être admise dans ce Conseil Général amoindri et bientôt la grande majorité de la nation en fut totalement exclue. « C'est à la réaction opérée par « Calvin, a dit un écrivain suisse, que Ge« nève dut la perte de ses franchises et elle « ne put les recouvrer complétement que « lorsque le régime qui en fut la consé« quence disparut (1). »

Ce fut la liberté qu'apporta le régime calviniste et qui fait l'admiration de l'auteur allemand; à l'en croire, lorsque, sous le régime précédent, tous les habitants de Genève étaient égaux, tous citoyens et membres du Conseil Général, ils étaient esclaves; lorsque le Conseil cessa d'être souverain, que l'égalité disparut et que la plupart des Génevois furent absolument privés de tous droits politiques, ils devinrent libres. Il n'est pas donné à tout le monde d'être logique.

Cette tendance à établir, dans un petit pays, des classes différentes, ayant des droits et des intérêts distincts, des classes superpo-

(1) *Revue suisse*, 1877, page 139.

sées, des *murs de séparation* (1) de plus en plus nombreux, alla toujours en croissant sous l'influence autocratique de Calvin ; les milliers d'étrangers qu'il introduisit dans Genève, pour se faire une majorité, furent placés la plupart dans une position inférieure que la Genève d'autrefois n'avait pas connue ; il n'y eut d'exception que pour quelques individus que leur rang ou leur fortune fit admettre parmi les privilégiés. « Cette forme de « gouvernement, dit à son tour le syndic Da- « vid Sartoris, eut principalement son origine « au commencement du seizième siècle (2). »

Un des partisans de cette organisation anormale, le pasteur Vernet, reconnaît que « *ce qui*, dans le style des édits, est appelé « le *peuple*, n'est pas à Genève, comme en « d'autres pays, tous les membres de la « communauté, tous les habitants du pays, « *ce n'est que les citoyens et les bourgeois. Eux* « *seuls entrent dans le Conseil Général ; eux*

(1) Expression employée dans la représentation du 25 janvier 1766. *Représentations et écrits des années 1763 et 1765*, etc., page 1·6.

(2) Lettre du 15 mai 1734.

« *seuls sont éligibles pour d'autres conseils,* « *tandis que d'autres classes plus nombreuses...* « *n'y entrent point... et ne participent pas au* « *gouvernement* (1). »

Aussi, n'y a-t-il rien d'étonnant que « *ces sujets d'une minorité privilégiée* n'aient cessé de réclamer contre ces abus, » à tous les points de vue, démocratiques et humanitaires. « Ce fut là, dit le Dr Galiffe (2), une des « causes principales des troubles du dix-hui- « tième siècle. » Ce fut là, on peut l'affirmer, la cause première des nombreuses agitations et des troubles prolongés de l'ancienne république; la question des fortifications, celle des impôts et d'autres ne furent que des causes accessoires, plus ou moins temporaires.

Il me serait facile de multiplier les citations; ces preuves sont plus que suffisantes.

« Voulons-nous que les peuples soient « vertueux, s'écriait Rousseau, commençons « par leur faire aimer la patrie. Mais com- « ment l'aimeront-ils, *si la patrie n'est rien de*

(1) *Etrennes religieuses*, 1882, page 212.

(2) *D'un siècle à l'autre*, 1877, tome I, page 356.

« *plus pour eux que pour des étrangers*, et « qu'elle ne leur accorde que ce qu'elle ne « peut refuser à personne (1) ? »

Le système nouveau dont l'importance fut extrême, durant plus de trois siècles, détruisit absolument l'homogénéité qui régnait autrefois dans Genève. Il fut absolument contraire au vieil esprit d'égalité et aux anciennes mœurs du pays. Avec le temps, le ... comme une plaie qui ... se développa de plus en plus ... [illegible]

[illegible]

[illegible]

de l'affectation avec laquelle on ramenait si souvent les Conseils Généraux qui se tenaient si fréquemment du temps des évêques, c'est-à-dire des regrets que faisait naître une liberté perdue (1).

On pourrait remonter à cet égard beaucoup plus haut, et rappeler, en particulier, que, dès les années qui suivirent la réformation, le gouvernement bernois avait fait des remarques au sujet de l'amoindrissement du Conseil Général, à Genève (2).

Cet état de choses frappa singulièrement l'esprit de Rousseau, lorsqu'il revint, en 1754, dans son pays natal, et qu'il y séjourna durant quatre mois, vu de près, cet état de choses modifia profondément ses idées, et il se trouva en même temps dans la position la plus bizarre, démocrate par principe, aristocrate par naissance, et tenant toujours à son titre de *citoyen de Genève*, titre en vertu duquel il faisait partie de la classe privilégiée [illegible] dans son pays

(1) [illegible]

(2) [illegible] IV, [illegible] 41 p.

Il avait choisi, pour revoir sa patrie, un moment solennel; la république de Genève venait d'être enfin reconnue, comme Etat souverain, par la cour de Sardaigne, la paix était proclamée entre les deux pays et il n'avait rien à craindre d'une des légèretés les moins pardonnables de sa jeunesse, celle d'avoir livré à un employé des Etats sardes, le mémoire de Micheli du Crest sur les fortifications de Genève, « *pour lui prouver qu'il* « *appartenait à des notables qui savaient les* « *secrets de l'Etat,* » ainsi qu'il le déclare dans ses *Confessions* (1).

Si le traité de 1754 avait été accueilli avec une grande joie à Genève, il n'avait rien changé à la fermentation sourde qui régnait dans la petite république. Même dans les deux classes les plus élevées, les *Citoyens* et les *Bourgeois*, qui jouissaient seules des droits politiques, le pouvoir n'avait plus des racines profondes; il ne ressemblait guère au gouvernement paternel du quatorzième siècle.

Remarquez, d'ailleurs, qu'à l'époque qui

(1) Partie I, livre V, p. 151, 153.

nous occupe la grande majorité de la nation, représentée par les classes inférieures, entièrement privée des droits politiques et d'une notable partie des droits civils, est comme étrangère dans son propre pays. Le nombre de ceux qui étaient privés de tous droits avait augmenté relativement à celui des privilégiés, *Citoyens* ou *Bourgeois* (1).

Nous sommes loin de cette aristocratie que Montesquieu nous donne comme la meilleure, celle « où la partie du peuple qui n'a point de « part à la puissance est si petite et si pau-« vre que la partie dominante n'a aucun inté-« rêt à l'opprimer (2). » Et pourtant, dans ces parias de la cité, répartis en plusieurs classes qui n'ont pas l'expérience de la vie publique, il y a des hommes instruits, bien au courant des anciennes institutions de Genève et de ses franchises, des hommes qui savent en parler et les décrire, le souvenir des droits perdus et usurpés se réveille, il s'est réveillé déjà plus d'une fois depuis le seizième siècle.

(1) *Septième lettre écrite de la montagne.* — *Recueil des pièces concernant la garantie.* Londres, 173. Tome II, p. 936.
(2) *Esprit des lois*, livre II, ch. 3.

On commence à discuter de toutes parts la légitimité d'un pouvoir qui ne se confie point au patriotisme et à l'amour des citoyens, qui s'entoure d'une garde prétorienne, d'une garnison armée, moins pour défendre la ville contre l'étranger que pour défendre contre les Génevois eux-mêmes sa propre impopularité. D'un autre côté, si l'esprit politique était bien changé, les mœurs l'étaient peut-être davantage encore : « La comédie devient « un troisième sacrement de Genève, écrit « en ricanant Voltaire, on est fou du specta- « cle dans le pays de Calvin (1). »

Ces diverses classes se jalousent en même temps les unes les autres, elles ont chacune leurs intérêts, leurs droits particuliers, dans la vie ordinaire, dans les choses de chaque jour, dans les métiers, en matière d'industrie, etc. Le droit de commerce, par exemple, n'appartenait pas aux natifs, et ils étaient soumis à des impôts plus élevés que les citoyens et les bourgeois (2); les natifs eux-mêmes

(1) Septembre 1754.

(2) *Tableau historique et politique des deux dernières révolutions de Genève*, 1789, tome I, p. 14.

n'étaient pas [illegible] qu'embrasse dans son [illegible] chrétienne, que [illegible] à la fois dans [illegible] tites nations, [illegible] leurs aspirations, [illegible] tinces distinctes.

Aussi, point [illegible] du Genevois [illegible] gouvernement de [illegible] [illegible] tes sur le [illegible] bourgeois [illegible] de la Constitution [illegible] à ses privilèges [illegible]

« Y a-t-il [illegible]
« d'un, à [illegible]
« et les bourgeois [illegible]
« tifs et les [illegible]
« bourgeois [illegible]
« tifs et habitants [illegible]
« point prétendre [illegible]
« aller de pair [illegible]

Et dans [illegible]
« rait la loi [illegible]

[illegible]

[illegible]

[illegible]

qu'il attaque le pouvoir ; il ne prend point le parti des classes déshéritées, quoique les plus nombreuses, et, dans les passages les plus vifs, les plus éloquents, les plus passionnés des *Lettres écrites de la montagne*, on ne trouve point, en faveur des *natifs*, des *habitants*, des *sujets*, de tous ceux qui doivent être aussi *membres de la cité ou participants à l'autorité souveraine* (1), l'application de ses principes. Il élude de répondre au procureur général Tronchin, et son silence, qui ne concorde pas avec son épigraphe : *vitam impendere vero*, est des plus significatifs. Il n'était point alors, à Genève, « le proclamateur de la souveraineté du peuple et du suffrage universel. »

Singulière organisation de la société ! Rousseau, s'adressant aux *citoyens* et aux *bourgeois*, dans les *Lettres écrites de la montagne*, leur parlait ainsi : « Quatre heures par an « *souverains subordonnés*, vous êtes sujets le « reste de la vie et livrés sans réserve à la « discrétion d'autrui (2). » Mais *limiter l'auto-*

(1) *Émile*, livre V.
(2) *Septième lettre.*

rité suprême, d'après Rousseau, c'est *la détruire* (1). Qu'était donc l'autorité suprême à Genève vers le milieu du dix-huitième siècle? La majorité des Génevois n'était pas même souveraine quatre heures par an!

Cette organisation politique, due au parti calviniste, s'était développée avec ses défauts et ses dangers. Calvin n'était plus là avec sa haute direction à la fois habile, sanglante et impitoyable; le régime établi par lui avait vu ses abus et ses misères s'accroître avec le temps; cependant, le gouvernail était confié à des mains d'autant plus tenaces qu'elles étaient, par la force des choses, plus novices et plus incapables, eu égard aux difficultés nouvelles et à l'état général des esprits. « Dans « le cours d'un long gouvernement, on va au « mal par une pente insensible et on ne re- « monte au bien que par un effort (2). » Le Petit Conseil *se roidissait du tout*, et n'était pas disposé à remonter, par un effort énergique, dans une direction contraire; au sur-

(1) *Contrat social*, livre troisième, chapitre seizième.
(2) *Esprit des lois*.

plus, dans les deux camps, la ténacité était extrême, *raideur de barre de fer*, le bûcher jouait de nouveau son rôle, il ranimait de sombres souvenirs, il attisait les haines et les antipathies; c'était bien la veille des révolutions.

Le gouvernement ne pouvait pas, en effet, soutenir longtemps encore un si grand poids; malheureusement pour Genève, les idées de domination et de suprématie régnaient de classe à classe, au sein même de ceux qui n'étaient pas encore émancipés. On vit, en effet, quelques années plus tard, les natifs, devenus citoyens, se montrer à leur tour *plus exclusifs encore que les bourgeois de l'ancien régime* (1). L'empreinte de l'inégalité calviniste existait dans tous les rangs; n'existe-t-elle point encore, à un certain degré, de nos jours ?

Au milieu de cette société, moralement morcelée, en proie à de grands déchirements, les générations précédentes prenaient, pour

(1) Dr Galiffe. *D'un siècle à l'autre*, 1877, tome I, p. 257. 356.

ainsi dire, parti elles-mêmes. « Les souve-
« nirs de 1707, dit M. le professeur Cellérier, « dans les *Mémoires de la Société d'histoire de* « *Genève* (1), avaient laissé dans les âmes « beaucoup d'amertume, et même de vagues « terreurs. On ne se rappelait qu'avec une « colère mal contenue ces nombreux juge-« ments rendus pendant six mois contre « quatre-vingts personnes, avec l'appui des « troupes suisses introduites sous divers pré-« textes dans nos murs ; en particulier, ces « deux ou plutôt ces trois victimes frappées, « après une amnistie, comme coupables d'une « conspiration qui n'avait jamais été bien « prouvée. »

Ces souvenirs, qui irritaient vivement la population, n'étaient pas les seuls ; pour moi, je n'ai cité qu'avec regret ce passage de M. le professeur Cellérier. Les données qui précèdent, ces renseignements divers, sommaires et bien incomplets, étaient indispensables pour faire comprendre l'état des choses et des esprits ; j'ai hâte de m'occu-

(1) Tome XII, page 197.

per directement de Rousseau, du *Contrat social*, des franchises, de voir de plus près quelle fut la position de l'éminent écrivain au milieu de son pays, et quelle influence son séjour à Genève exerça sur ses idées politiques.

III

Lorsque Rousseau, âgé de quarante-deux ans, revint dans sa patrie, en 1754, il était loin de se faire une idée nette de l'état de Genève, de la fermentation qui y régnait sous une apparence trompeuse de tranquillité. Il aspirait à reprendre officiellement son titre de *citoyen*, qui était alors essentiellement contraire aux principes d'égalité et que possédait seule une classe privilégiée, une minorité peu nombreuse qui occupait le haut de l'échelle sociale. Admirateur exagéré d'un gouvernement qu'il ne connaissait pas encore de près, il s'exprimait ainsi dans la dédicace d'un ouvrage qui traitait spécialement *de l'inégalité parmi les hommes* : « Plus je ré-

« fléchis *sur votre situation civile et politique*,
« et *moins je puis m'imaginer que la nature
« des choses humaines puisse en comporter une
« meilleure.* Puisse durer pour le bonheur
« de ses *citoyens et pour l'exemple des peu-
« ples une république si sage et si humaine-
« ment constituée !* »

En d'autres termes, après mûre réflexion, l'organisation aristocratique de Genève lui paraissait un modèle à imiter, et malgré les théories qu'il développa depuis avec éclat, avec un rare talent, rien ne le choquait dans l'inégalité profonde qui existait alors entre les diverses classes de Génevois.

L'auteur allemand, dont j'ai déjà parlé, fort embarrassé de fournir une explication satisfaisante du passage que je viens de reproduire, s'en tire prestement et déclare que Rousseau parlait ainsi, non parce que l'état des choses était tel qu'il le disait, mais parce qu'il désirait qu'il fût tel. D'un autre côté, il nous affirme que, s'il est un écrivain qui doive être pris *complétement au mot (vollstændig beim Wort genommen)*, c'est Rousseau ; c'est pourtant peu *le prendre au mot* que de lui fait dire [illegible] qu'il dit.

Cela est d'autant plus [illegible] idées d'inégalité [illegible] fois dans un cœur [illegible] avec la [illegible] par exemple, dans [illegible] lui-même l'auteur allemand [illegible] qu'il se garde bien de [illegible] :

« [illegible]
[illegible]
[illegible]
[illegible]
[illegible]
[illegible]
[illegible]
Il ne [illegible] pas bien [illegible]
Qu'il [illegible] »

Rousseau nous apprend [illegible] que lorsqu'il écrivit *ces vers*, [illegible] bout de son système [illegible] pas un enfant. Il est vrai [illegible] poésie, se plaçant à son [illegible] vilégié genevois, il soutient [illegible] d'inégalité à Genève.

Le même esprit se retrouve [illegible] ses ouvrages, dans les *C*[illegible]

(1) *Epître à Parisot*, VI, 14, [illegible]

de la papauté devaient être « *rappelés en Con-* « *sistoire* pour être exhortés à venir *recon-* « *naître et confesser leur faute au temple, de-* « *vant toute l'Eglise.* » Rousseau fut dispensé de l'obligation de paraître, même en Consistoire; il est vrai que tout se fit à huis clos et dans le plus grand secret. Quelques années plus tard, dans la septième des *Lettres écrites de la montagne*, il disait lui-même : « Partout « où les lois sont violées impunément, il n'y « a plus de liberté. » Montesquieu (1) disait de son côté : « Quand je vais dans un pays, « je n'examine pas s'il y a de bonnes lois, « mais si on exécute celles qui y sont, car il « y a de bonnes lois partout. » Mais ne soyons pas trop sévères et tenons compte « de cet esprit inquiet et flottant, se laissant « entraîner, suivant le célèbre écrivain an- « glais Hume, au courant de son humeur et « de ses passions (2). »

Quoi qu'il en soit, les illusions de ce Rousseau aristocratique, redevenu *citoyen de Ge-*

(1) *Notes sur l'Angleterre.*
(2) *Exposé succinct de la contestation qui s'est élevée entre M. Hume et M. Rousseau.* Londres, 1766, p. 122.

nève, furent de courte durée; il ne tarda pas à être détrompé dans son admiration. Il avait éprouvé, en effet, malgré l'accueil flatteur qui lui fut fait dans les premiers jours, plus d'un mécompte dans Genève. « Je savais, dit-il « lui-même dans les *Confessions* (1), que le « *Discours sur l'inégalité* avait excité contre « moi dans le Conseil *une haine d'autant « plus dangereuse qu'il n'osait la manifester.* » L'autorité génevoise, très susceptible de tout temps, principalement à cette époque, passionnée et soupçonneuse, comme il arrive facilement à un pouvoir qui penche vers sa ruine, avait deviné en lui, paraît-il, l'homme de la révolution. Il avait voulu, d'ailleurs, contrairement à toutes les règles, dédier à la république son *Discours sur l'inégalité,* sans en avoir préalablement obtenu l'autorisation; comme il savait que sa demande lui serait refusée, il n'avait pas tenu compte de *l'étiquette des procédés* (2). Par cela seul, il avait indisposé le Petit Conseil, très susceptible dans ces matières, et qui n'était pas sans

(1) Partie II, livre XI.
(2) *Lettre à M. Perdriau,* du 20 novembre 1754 (X,) 89.

défiance à son endroit ; son attitude de flatterie à la fois et quelque peu de rébellion, avait déplu.

D'un autre côté, dans le sein de la nation elle-même, le *Discours sur l'inégalité* était loin d'avoir produit l'impression favorable qu'il désirait. « Cet effet ne me fut pas favo-
« rable, écrit-il ailleurs, et cette dédicace
« que le plus pur patriotisme m'avait dictée,
« *ne fit que m'attirer des ennemis dans le Con-*
« *seil et des jaloux dans la bourgeoisie.*
« M. Chouet, premier syndic, m'écrivit *une*
« *lettre honnête, mais froide.* Je reçus des par-
« ticuliers, entre autres de Deluc et de Jala-
« bert, *quelques compliments, et ce fut tout* ; je
« ne vis point qu'aucun Génevois me sût un
« vrai gré *du zèle* de cœur qu'on sentait dans
« cet ouvrage. Cette indifférence scandalisa
« tous ceux qui le remarquèrent (1). »

D'après un auteur génevois, son orgueil plébéien était « mêlé d'instincts aristocratiques (2), » ou plutôt l'orgueil plébéien avait

(1) *Confessions*, partie II, livre VIII.

(2) *Bibliothèque universelle*, mai 1862, page 135.

été cité en lu [illegible]

avait écrit les lignes [illegible]

cace déjà cité [illegible]

l'expression d'[illegible]

« est le bonheur de [illegible]

« ment pourra [illegible]

« *la nature a* [illegible] *des hommes* [illegible]

« *l'inégalité qui* [illegible]

« *la profonde* [illegible]

« *l'autre, heureusement* [illegible]

« *État, concourant* [illegible]

« *prochaine* [illegible]

« *tée à la société* [illegible]

« *blée et au bonheur* [illegible]

Par ce passage [illegible]

tres de ces deux [illegible]

pouvoir et [illegible]

parlé de *l'égalité* [illegible]

les hommes il [illegible]

Petit Conseil, [illegible]

galité sagement [illegible]

classes diverses, [illegible]

grande partie [illegible]

sourdement cont[illegible]

agitait, sur ce point [illegible]

Au nombre des personnes qu'il eut l'occasion de voir souvent, figurait Jacques-François Deluc, père des deux Deluc qui ont marqué dans la science. Deluc père avait déjà pris la parole, au nom des citoyens et des bourgeois, dans les troubles de 1734[illegible], [illegible] fort versé dans l'histoire de Genève, [illegible]

[illegible]

lui, de main de maître, quelques années plus tard (1).

Lorsque Rousseau vint habiter les montagnes de Neuchâtel, il ne le perdit pas de vue (2); Deluc *le tenait au courant de tout ce qui se passait*. Mme d'Epinay, qui eut l'occasion de voir Deluc à Genève, nous apprend qu'il était *fanatique de Rousseau* (3), et il le lui prouva bien, dans plusieurs circonstances, par l'attachement qu'il lui portait, ainsi que ses fils, dont l'un fut chargé, à plusieurs reprises, de porter à son frère la parole, au nom de la bourgeoisie [illegible].

Deluc père [illegible] de Genève [illegible]

[illegible]

Contrat social, il en fit ressortir toute l'importance dans la controverse qu'il eut, avec Tronchin, à propos des bancs d'église. Cette controverse, qui est demeurée manuscrite, et qui a précédé, de plusieurs années, la célèbre controverse entre Rousseau et le procureur général Tronchin, a été, pour la première fois, mentionnée et citée avec quelque détail, dans mon deuxième mémoire sur l'*Origine des idées politiques de Rousseau*. Je ne fais que la rappeler ici ; je rappelle encore simplement, sauf à y revenir, que Rousseau *digérait* précisément alors, nous le savons par lui (1), *le plan déjà formé de ses Institutions politiques*. Deluc eut sur lui, à cet égard, une influence particulière qui n'a pas encore été remarquée jusqu'à ce jour : ses connaissances et ses idées furent loin d'être inutiles à Rousseau, notamment dans la rédaction définitive du *Contrat social*.

Au nombre des personnes qui faisaient, en [illegible], de l'histoire de Genève le sujet de leurs études, figuraient [illegible] les [illegible] Jean et

(1) [illegible]

Isaac Bardin; cette famille occupait une position honorable et avait déjà joué un rôle de quelque importance dans les événements de 1734 (1). Les libraires Bardin étaient très versés dans l'histoire de leur pays; ils avaient recueilli ou copié beaucoup de documents concernant Genève, d'anciennes publications dont l'une n'existe plus de nos jours, ou tout au moins n'a pas encore été retrouvée (2), de longs passages de Bonivard, de Balard, etc., des extraits des franchises de 1387, et, en particulier, le célèbre article 78; ils furent extrêmement utiles à Rousseau, quoique leurs recherches et celles de Rousseau lui-même, sur l'histoire de Genève, fussent entourées d'un certain mystère. C'est par eux que nous savons que l'un des mémoires de 1757, dans lequel il est fort question des franchises d'Adémar Fabri, est l'œuvre de Deluc père; le même mystère, comme je l'ai déjà remarqué ailleurs, régnait presque toujours sur les

(1) En particulier le 12 juillet 1734. *Journal des affaires de Genève en 1734.*

(2) *Mémoires* [illegible] *de Genève*, tome XX, p. 311.

écrits polémiques qui circulaient de main en main et au sujet desquels on s'efforçait de dépister la police sévère et soupçonneuse du gouvernement génevois. Ce n'est point impunément qu'on aurait étudié alors et ouvertement vanté ces vieilles franchises que le Petit Conseil désirait à tout prix laisser dans l'ombre. Spon, qui en donne un résumé, se garde bien, pour être agréable au pouvoir, de parler du fameux article 78, dont la portée est si grande.

Au moment où parut l'*Emile*, Rousseau, qui connaissait bien les libraires Bardin et qui avait profité de leurs recherches, leur avait fait envoyer vingt-quatre exemplaires de cet ouvrage; quoique ils en eussent prévenu le Petit Conseil, ces exemplaires n'en furent pas moins saisis, lorsqu'ils arrivèrent à Genève. Aussi, quand les citoyens et les bourgeois adressèrent une de leurs premières représentations à l'autorité, au sujet du jugement rendu contre Rousseau le 18 juin 1762, l'adressèrent-ils en même temps au sujet de *l'enlèvement* de ces exemplaires et *du refus de restitution* fait aux frères Bardin. Plus tard, le

Petit Conseil consentit à les leur rendre (1); Rousseau en parle encore dans la neuvième des *Lettres écrites de la montagne*, absolument comme si cette *restitution* n'avait pas été opérée; il l'ignorait sans doute encore.

Soit par Deluc père, soit par les frères Bardin, Rousseau fut bien placé pour faire, pendant son séjour à Genève, des recherches sur l'histoire de sa patrie. Deluc et les frères Bardin appartenaient tous trois à l'opposition génevoise; comme, dans le nombre des citoyens et des bourgeois qui en faisaient partie, il y avait plusieurs hommes dont les ancêtres avaient occupé les plus hautes fonctions dans la magistrature de la petite république (2), ils avaient, par devers eux, dans leurs papiers de famille, bien des documents qui avaient leur valeur et qui furent utiles aux représentants ; Rousseau en profita lui-même.

(1) *Représentations et écrits des années 1763 et 1765 et du mois de janvier 1766*, et *Réponses du Conseil*. Genève, 1766, p. 2, 19, 47, 75.

(2) *Recueil des pièces concernant la garantie*. Londres, 1768, tome II, p. 456.

C'est alors qu'il fit, sur l'histoire de Genève, et, en particulier, sur les franchises de 1387, des recherches spéciales qu'il n'eût pas pu faire à distance, et qui modifièrent notablement son premier projet de *Contrat social;* ce projet, du reste, était loin d'être achevé. Nous avons tout lieu de croire, sans pouvoir l'affirmer d'une manière absolue, que ce projet n'est autre que l'un des manuscrits que possède la bibliothèque publique de Genève et dont la publication ne tardera pas bien longtemps encore, Rousseau reprit, quelques années plus tard, ses études sur l'histoire de Genève, lorsque, contrairement à *sa résolution de garder le plus parfait silence,* à propos de la condamnation prononcée par le Petit Conseil de Genève en 1762 (1), il se prépara à répondre, avec une grande vigueur, aux *Lettres écrites de la campagne;* il était difficile, en effet, qu'après cette publication, dans laquelle le procureur général Tronchin fit preuve de beaucoup d'habileté et d'un véritable talent, Rousseau persistât dans son intention première et gardât plus longtemps le silence.

(1) *Lettre à Moultou,* du 6 juillet 1762, X, 346.

L'auteur allemand estime que le mémoire de Rousseau, sur l'histoire de Genève, fut *probablement* rédigé après la publication des lettres de Tronchin, mais ce mot *probablement* est essentiellement vague, et il n'y a pas lieu de s'y arrêter.

Ce que je puis dire, c'est qu'en examinant certains passages des œuvres de Rousseau et certains extraits qui viennent des frères Bardin, il n'est pas difficile d'y reconnaître l'influence qu'exercèrent ces extraits sur le *citoyen de Genève* et sur quelques passages de ses écrits.

C'est surtout après son séjour á Genève que Rousseau s'occupa de la rédaction définitive du *Contrat social.* Il composa cet ouvrage, dont la portée devait être si grande, tout empreint encore, si je puis m'exprimer ainsi, de la fermentation, à la fois fort grande et peu apparente, qui régnait à Genève, mieux versé que jamais dans les affaires de sa patrie, dans son histoire, sous le coup de la déception qu'il avait éprouvée et de cette blessure d'amour-propre, si vive et si inattendue, qu'il avait éprouvée. *Haeret lateri lethalis arundo.* « La manière de penser des « hommes, il l'a dit lui-même, dans le *Dis-* « *cours sur les richesses*, dépend beaucoup « des gens avec qui ils ont à vivre et des « tentations qu'ils ont à vaincre. »

Cette blessure ne devait point se cicatriser ; elle devait, au contraire, s'étendre, s'envenimer à la suite de la publication du *Contrat social* et de l'*Emile*, et à raison des événements qui en furent la conséquence, de la longue et opiniâtre controverse qui les suivit de près, qui contribua à faire connaître son nom déjà célèbre, et qui eut un si lointain retentissement.

Rousseau nous donne lui-même, dans ses *Confessions*, à la date de l'année 1756, des renseignements qui ne sont pas sans intérêt, sur la composition du *Contrat social* et sur l'esprit qui animait son auteur.

« *J'avais plusieurs écrits commencés*... mais, « dans les tracas de la ville, *l'exécution, jus-* « *qu'alors, avait marché lentement*..... Des di- « vers ouvrages que j'avais sur le chantier, « celui que je méditais depuis longtemps, « dont je m'occupais avec le plus de goût, au-

« quel je voulais travailler toute ma vie, et « qui devait, selon moi, mettre le sceau à ma « réputation, était mes *Institutions politiques.* « *Il y avait treize à quatorze ans que j'en avais* « *conçu la première idée, lorsqu'étant à Venise* « j'avais eu quelque occasion de remarquer « les défauts de ce gouvernement si vanté. « Depuis lors, mes vues s'étaient beaucoup « étendues par l'étude historique de la mo- « rale... tout cela me menait déjà à de gran- « des vérités, utiles au bonheur du genre hu- « main, mais *surtout à celui de ma patrie, où* « *je n'avais pas trouvé, dans le voyage que je* « *venais d'y faire, les notions des lois et de la* « *liberté assez justes ni assez nettes à mon gré,* « et j'avais cru cette manière indirecte de « les leur donner *la plus propre à ménager* « *l'amour-propre de ses membres* et à me faire « pardonner d'avoir pu voir là-dessus *un peu* « *plus loin qu'eux.*

« Quoiqu'il y eût déjà *cinq ou six ans* que « je *travaillais à cet ouvrage, il n'était encore* « *guère avancé.* Les livres de cette espèce « demandent de la méditation, du loisir, de la « tranquillité... Je voulais user pleinement

« sans doute du droit de penser que j'avais « *par ma naissance*..... J'aurais été *bien moins* « *libre à Genève même*, où, dans quelque lieu « que mes livres fussent imprimés, *le magis-* « *trat avait droit d'épiloguer sur leur contenu.* « *Cette considération avait beaucoup contribué* « *à me faire renoncer au projet d'aller m'éta-* « *blir à Genève*... Tout ce qu'il y a de hardi « dans le *Contrat social* était auparavant dans « le *Discours sur l'inégalité* (1). »

Ce passage fort instructif nous prouve que l'idée du *Contrat social* a pris naissance à Venise, que Rousseau a commencé à la mettre à exécution avant son séjour à Genève en 1754, et que l'ouvrage a été composé, ou du moins notablement modifié par lui, postérieurement à cette dernière date. Le passage est textuellement emprunté aux *Confessions*, et nous fait mieux comprendre quel but il poursuivait, ce qu'il avait essentiellement en vue, en publiant cet écrit. C'était de Genève qu'il se préoccupait essentiellement, c'était de Genève qu'il s'agissait, c'est sa patrie qu'il avait surtout en vue.

(1) *Confessions*, partie II, livre IX.

La liberté, telle qu'il comprenait, « cette « liberté dont l'exposition est pleine d'incon- « séquences, portait, sous le manteau des ré- « miniscences de la Grèce et de Rome, *tous « les insignes de son origine bourgeoise et ré- « publicaine* (1). *De cette démocratie génevoise,* « moitié entrevue, moitié rêvée, mêlée avec « des réminiscences de Sparte et de Rome, « *Rousseau fit la règle générale* (2). »

Tout en posant des principes généraux, tout en n'attaquant pas en face les magistrats génevois, en ménageant, au moins en apparence, leur amour-propre, c'était à eux qu'il se proposait de donner à sa manière des notions plus justes et plus nettes des lois et de la liberté. C'est bien ainsi que, dès l'abord, ils le comprirent; lorsque le Consistoire, en janvier 1761, *eut jugé à propos de demander au Petit Conseil de prendre des mesures contre Rousseau, il était sûr* d'avance que cette démarche officielle recevrait un accueil favorable. Le Consistoire approuva plus tard, à l'unanimité, les décisions prises contre Rousseau par le Petit Conseil.

(1) *Bibliothèque universelle*, mai 1862, p. 132, 138.
(2) Aimé Steinlen, *Revue suisse*, 1852, p. 850.

On comprit sans peine à Genève que les écrits du célèbre publiciste s'adressaient avant tout à la petite république, et les preuves abondent pour l'établir; sans citer des pièces émanant du pouvoir, sans parler des *Lettres écrites de la campagne*, une foule de brochures le prouveraient au besoin, aussi bien que les deux partis en présence : « Le « *Contrat social* n'est point une utopie, porte « textuellement une publication contempo- « raine, un ouvrage métaphysique dont il se- « rait injuste de presser trop rigoureusement « les conséquences, *il a été fait pour nous*, « *c'est notre gouvernement qui en est l'objet* « *principal.* » Et ailleurs : « *Ce livre*, dont *Emile* « renferme un abrégé, *frappe notre gouverne-* « *ment dans son principe* (1). » Les passages semblables sont nombreux.

Emile et le *Contrat social* ébranlaient tout dans Genève; que pouvait penser le gouvernement génevois lorsqu'il lisait des passages comme ceux-ci : « Vous vous fiez à l'ordre « actuel de la société, sans songer que *cet*

( ) *Lettres populaires*, pages 215, 222.

« *ordre est sujet à des révolutions inévitables,* « et qu'*il nous est impossible de prévoir ou de* « *prévenir celle qui peut regarder nos enfants.* « Le grand devient petit, le riche devient pau- « vre, le monarque devient sujet. Les coups « du sort sont-ils si rares que vous puissiez « compter d'en être exempt? *Nous appro-* « *chons de l'état de crise et du siècle des révo-* « *lutions* (1). »

Rousseau lui-même comprenait-il tout ce que renfermait ce passage? Lorsqu'il s'échauffait avec tant d'éloquence pour les deux classes privilégiées, oubliant ou dédaignant la grande majorité de la nation génevoise, devinait-il que tous ces déshérités ne tarderaient pas à donner signe aussi de vie, à presser dans leur rigueur les conséquences de ses principes, à réclamer à leur tour et à obtenir l'égalité des droits qu'il vantait en théorie, sans songer à la leur donner (2)? Ne trouve-t-on pas, même dans le *Contrat social,* des traces de son orgueil de privilégié? N'ad-

(1) *Emile*, livre III.

(2) Les *Natifs* n'obtinrent l'égalité des droits qu'en 1791.

met-il pas, par exemple, que « *la loi peut* « *bien statuer qu'il y aura des privilèges*..... « *peut faire plusieurs classes de citoyens, assi-* « *gner même les qualités qui donneront droit à* « *ces classes* (1)? »

Et comment justifier ces exceptions, si ce n'est en se plaçant au point de vue étroit des deux classes supérieures de Genève, les citoyens et les bourgeois ? Le pouvoir saisit peut-être, mieux que lui-même, toute la portée de ses théories.

Pour procéder avec une promptitude si grande, si exceptionnelle, il fallait que le Petit Conseil eût l'esprit bien éveillé sur ses ouvrages; pour frapper si sévèrement et si rapidement un écrivain célèbre, redevenu citoyen de Genève, et dont l'amour-propre avait toujours été très grand, il fallait que le pouvoir se sentît atteint, d'une manière dangereuse, dans son principe, lors même que la masse de la nation ne s'ébranlait pas encore. Ce n'est pas le bruit qu'avait fait, dans l'origine, le *Contrat social*, à Genève, qui pro-

(1) *Contrat social*, livre deuxième, chapitre sixième.

voqua toutes ces mesures. Il avait été accueilli avec une grande froideur, avec une espèce d'indifférence; elles ne faisaient guère présager l'éclat et la rumeur qui allaient bientôt suivre. Peut-être même, si le gouvernement génevois, se retranchant dans cette dignité froide et hautaine, dont il faisait volontiers parade, avait laissé passer le livre avec une dédaigneuse indifférence, avec un scrupuleux respect de la rigueur des procédures, sans faire intervenir le bûcher qui rappelait de sinistres souvenirs, l'éclat eût été moindre et l'ouvrage moins vite populaire dans le monde; c'est du moins ce que pensent de fort bons esprits, de zélés admirateurs de Rousseau (1). Mais le pouvoir tenait à être agréable à un pays voisin, il était sollicité par l'élément clérical calviniste, il croyait enfin défendre son existence, sa propre cause, et il fut loin de peser mûrement toutes ses dé-

(1) C'est ce que pensait, en particulier, un célèbre historien allemand, un de mes anciens professeurs : « Sie *(die Verfolgung)* « gab dem damals ganz ungefæhrlichen Mann eine Bedeutung « die seine Person nicht hatte... — sie gaben ihm durch die Ver- « folgung ein politisches Gewicht. » *Schlosser*, *Geschichte des* « *achtzehnten Jahrhunderts.* Heidelberg, 1849 (IV, 25, 26).

cisions. En faisant brûler officiellement, devant l'Hôtel de Ville de Genève, par la main du bourreau, deux écrits qui allaient devenir fameux dans le monde, il contribua plus que personne à leur renommée; ce n'est que lorsque la mine eut éclaté, que l'on comprit jusqu'où allait sa force et à quelle distance énorme elle pouvait porter.

Rousseau fut profondément blessé du silence que garda la bourgeoisie, dans les temps qui suivirent la condamnation de ses ouvrages; comme on lui conseillait une espèce de rétractation pour tout concilier, il en fut indigné et ne ménagea pas ses paroles : « Messieurs les Génevois le prennent, en vérité, « sur un singulier ton. On dirait qu'il faut que « j'aille encore demander pardon des af- « fronts qu'on m'a faits. Et puis, quelle extra- « vagante inquisition! L'on n'en ferait pas « tant chez les catholiques. En vérité, ces « gens-là sont bêtement rogues (1).... » Le réveil de la bourgeoisie se fit lentement, mais l'attaque, une fois commencée, fut lon-

(1) *Lettre à Moultou*, du 25 novembre 1762 (XI, 2).

gue et opiniâtre; les citoyens et les bourgeois se virent atteints dans la personne d'un des leurs ; ils prirent vivement parti en faveur de Rousseau, moins peut-être pour lui que par un esprit hostile au pouvoir. Privilégiés, d'ailleurs, ils se sentirent frappés dans leurs privilèges et s'échauffèrent bientôt avec passion pour un livre qui avait passé à peu près inaperçu lorsque les premiers exemplaire étaient parvenus à Genève ; Rousseau, renonçant ensuite à son titre de citoyen, comme il avait tour à tour, dans des sens différents, renoncé à son culte, leur mécontentement s'augmenta de tout le dépit qu'ils éprouvèrent. Ils ne cherchèrent point, toutefois, à justifier les principes contenus dans les écrits de Rousseau (1). Ils réclamaient leurs lois, ils en demandaient l'application, mais l'application de leurs lois, c'était le renversement du régime aristocratique établi par le calvinisme dans Genève; tant qu'elles subsisteront, écrivaient-ils, *notre silence même les réclamera* (2).

(1) *Mémoire sur le sieur Jean-Jacques Rousseau*, du 12 juin 1766, dans le *Recueil des pièces concernant la demande de la garantie*, Londres, 1767, page 295.

(2) *Représentation du 14 novembre 1766*. Même recueil, page 363.

Ils rappelaient leurs *franchises* du quatorzième siècle, le respect de cette vieille charte, son exécution; leur serment leur faisait un devoir de l'observer, et ils ajoutaient : « Il a toujours existé dans notre Constitution une loi conservatrice de toutes les autres, *le plus long silence ne saurait empêcher le redressement de l'abus* (1). » Rousseau déclare, de son côté, que *le non-usage ne peut prescrire contre les franchises*, et qu'une usurpation *ne saurait prescrire contre elles ni abolir le droit à la liberté* (2).

L'attitude hostile des citoyens et des bourgeois envers un pouvoir impopulaire, qui portait à la fois la peine de ses actes et surtout de ceux des générations précédentes, fut bientôt partagée par cette grande majorité de la nation génevoise qui était privée de tous droits; désireuse d'innovations radicales, elle les attendait *dans un calme effrayant.*

De là, un malaise général, quoique peu apparent, une agitation, souterraine et cachée, qui grondait sourdement; elle devait éclater

(1) *Tableau des contraventions.* Même recueil, XXX, p. 285.
(2) *Revue suisse*, p. 461 et 464.

avec violence et comme un ouragan dans une autre génération. Le *Contrat social*, une fois lu et commenté, expliqué dans de nombreuses brochures, défendu, attaqué tour à tour, d'autant plus connu, d'autant plus répandu qu'il soulevait une polémique aigre et passionnée, ne pouvait qu'augmenter cet état de fièvre.

En cette guerre de plume, poursuivie avec opiniâtreté dans les deux camps, les défenseurs du Petit Conseil, emportés par la lutte, laissèrent entrevoir, non sans maladresse, un appel à l'intervention étrangère (1), qui finit par être invoquée en effet ; comme ils faisaient remarquer que le *Contrat social* sapait, en définitive, par leur base, tous les gouvernements (2), et qu'ils mettaient en relief ce

(1)..... « *Le Conseil ne peut attendre le respect de la* « *Constitution que des respectables puissances médiatri-* « *ces* et de la protection divine... » Extrait de registre du Conseil du 22 janvier 1766. *Représentations et écrits des années 1763 et 1765 et du mois de janvier 1766*, et *Réponses du Conseil*. Genève, 1766, pages 146, 147.

(2)..... « La douleur du Conseil... de voir nombre de citoyens « et bourgeois paraître professer hautement des principes... qu'il « est de son devoir d'annoncer comme *destructifs du gouver-* « *nement*, de la sûreté publique et particulière, *destructifs de* « *la liberté même.* » Extrait de registre du Conseil du 11 octobre 1763, Même publication, page 79 et passim.

point délicat, l'œuvre de Rousseau se trouva, presque dès l'origine, en guerre ouverte avec ceux qui tenaient le gouvernail à Genève et ceux qui le tenaient dans de grands pays, notamment en France. La révolution, qui germait dans l'ombre et qu'entrevoyaient à peine çà et là quelques esprits perspicaces, accueillit avec enthousiasme et popularisa, en la répandant au loin, l'œuvre de Rousseau ; le mot de *citoyen* prit un sens tout nouveau, il perdit le sens aristocratique qu'il avait à Genève, et que peu de personnes connaissent aujourd'hui.

IV

C'est donc bien le fils de Genève qui se retrouve dans tous les écrits politiques de Rousseau, et c'est l'ancienne organisation de son pays qu'il a choisie pour base de son système et pour modèle. Cela est plus évident encore lorsqu'on lit le projet de *Contrat social,* écrit de sa main, que possède la Bibliothèque publique de Genève. «..... Une

« *règle fondamentale pour toute société bien* « *constituée et gouvernée légitimement*, serait « qu'on en pût *assembler aisément tous les* « *membres toutes les fois qu'il serait néces-* « *saire*... les assemblées par députation ne « peuvent ni représenter le corps ni avoir de « lui des pouvoirs suffisants pour statuer en « son nom comme souverain. Il suit de là « que l'*Etat devrait se borner à une seule ville* « *tout au plus;* que, s'il y en a plusieurs, la « capitale aura toujours de fait la souverai- « neté et les autres seront sujettes, sorte de « constitution où la tyrannie et l'abus sont « inévitables (1)..... »

Il exprime la même idée à diverses reprises, et aucun doute sérieux ne saurait s'élever à cet égard.

« Il ne faut point, dit-il, objecter l'abus « des grands Etats à celui qui n'en veut que « de petits (2). »

Il demandait, — au moins en théorie, —

(1 Page 59 du manuscrit. Ce projet de *Contrat social* est, à divers égards, fort différent du *Contrat social*, tel que Rousseau l'a imprimé.

(2) *Contrat social*, livre III, chap. 13.

des citoyens égaux et libres, sans cesse exerçant par eux-mêmes les droits d'une souveraineté inaliénable (1), indivisible, imprescriptible, résidant essentiellement dans tous les membres du corps; être collectif, le souverain ne pouvait être représenté que par lui-même (2); en d'autres termes, son idéal était la démocratie pure. La liberté ne pouvait être réalisée que chez un peuple peu nombreux :

« Un des plus grands inconvénients des « grands Etats, celui de tous qui rend la « liberté plus difficile à conserver est que « la puissance législative ne peut s'y mon- « trer elle-même et ne peut agir que par « députation. Le législateur en corps est im- « possible à corrompre, mais facile à trom- « per (3). »

Aussi Rousseau voulait-il que, dans les grands Etats, les députés fussent liés par des mandats impératifs.

(1) *Quod omnes tangit debet ab omnibus approbari*, vieille maxime des jurisconsultes.

(2) *Contrat social*, livre deuxième, chapitre premier.

(3) *Considérations sur le gouvernement de Pologne*, chap. VII. (V. 257.)

« La souveraineté, suivant lui, ne peut « être représentée, par la même raison « qu'elle ne peut être aliénée ; elle consiste « essentiellement dans la volonté générale, « et la volonté ne se représente point; elle « est la même, ou elle est autre ; il n'y a « point de milieu. Les députés ne sont donc « ni ne peuvent être ses représentants ; ils « ne sont que ses commissaires; ils ne peu- « vent rien conclure définitivement (1). »

Il développe, dans ses écrits, la même idée, sous différentes formes :

« Grandeur des nations ! Etendue des Etats ! « première et principale source des malheurs « du genre humain, et surtout des calamités « sans nombre qui minent et détruisent les « peuples policés. *Presque tous les petits* « *Etats*, république et monarchie indifférem- « ment, *prospèrent par cela seul qu'ils sont* « *petits*, que tous les citoyens s'y connais- « sent mutuellement et s'entregardent, que « les chefs peuvent voir par eux-mêmes le « mal qui se fait, le bien qu'ils ont à faire, et

(1) *Contrat social*, livre III, chap. 15.

« que leurs ordres s'exécutent sous leurs « yeux... Vos vastes provinces, disait-il aux « Polonais, ne comporteront jamais la sévère « administration des petites républiques. « *Commencez par resserrer vos limites, si* « *vous voulez réformer votre gouvernement.* « *Peut-être vos voisins songent-ils à vous ren-* « *dre ce service.* Ce serait sans doute un grand « mal pour les parties démembrées, mais ce « serait un grand bien pour le corps de la « nation..... Que, si ces retranchements n'ont « pas lieu..... *appliquez-vous à étendre et à per-* « *fectionner le système des gouvernements fé-* « *dératifs, le seul qui réunisse les avantages* « *des grands et des petits Etats* (1)..... »

Et, dans un autre passage, il s'exprime ainsi :

« Si la Pologne était, selon mon désir, une « Confédération de trente-trois petits Etats, « elle réunirait *la force des grandes monar-* « *chies et la liberté des petites républiques*..... »

Cette partie du système de Rousseau est

(1) *Considérations sur le gouvernement de Pologne*, V, 252.

extrêmement curieuse, elle serait susceptible d'amples développements; étudiée de près, elle fournirait, à elle seule, matière à un mémoire étendu, lorsque l'on tiendrait compte surtout de l'application qu'on a faite dès lors de son système à de grands pays. Je n'en parle ici que tout à fait accessoirement, pour signaler, sur ce point aussi, l'*enfant de Genève*, que nous retrouvons, pour ainsi dire, partout dans l'ensemble de ses théories gouvernementales ; c'est toujours de Genève que Rousseau s'inspire, c'est sur sa ville natale qu'il tourne constamment les yeux. Ne pas tenir compte largement, dans l'appréciation de ses idées politiques, des franchises d'Adémar Fabri, c'est risquer fort de ne pas le comprendre.

Ces franchises, que les bourgeois de Genève contemporains de Rousseau *juraient d'observer et de garder*, étaient, d'après les représentants, *le rempart de leur liberté* et formaient la *constitution fondamentale de l'Etat* (1); qualifiées par Tronchin de *chartes*

(1) *Réponse aux Lettres écrites de la campagne*, page 77.

rongées et de *titres surannés*, elles étaient, à les croire, *si chères aux Génevois. qu'elles marchaient*, suivant eux, *pour ainsi dire, de pair avec les saints évangiles ; on jurait sur les saints évangiles et sur les franchises* (1).

Ce sont les termes de la première publication importante qui fut faite en réponse aux *Lettres écrites de la campagne ;* les fameuses lettres de Rousseau ne parurent qu'une année plus tard.

Aussi les franchises étaient-elles considérées, par les représentants et par Rousseau lui-même, comme *inaliénables ;* elles avaient toutes les qualités qui découlent de l'*inaliénabilité.* Elles étaient *indivisibles* et ne pouvaient être *ni cédées, ni perdues, ni prescrites ;* lorsqu'avec une infaillible assurance, et en des termes que la politesse française ne comporte pas, un auteur allemand soutient le contraire, il fait, avant tout, preuve d'une ignorance profonde de l'histoire de Genève. La tendance de Genève, durant l'époque

(1) *Réponse aux Lettres écrites de la campagne*, pages 147 et 148.

épiscopale, a été constamment, au contraire, de les consolider, de les développer, de les étendre, jamais de les restreindre ni de les amoindrir. Ces libertés, que le gouvernement épiscopal avait toujours respectées, c'est à l'époque calviniste qu'elles furent sapées par leur base et que la grande majorité de la nation en fut absolument dépouillée. L'auteur allemand aura quelque peine à nous prouver que cette grande majorité de la nation génevoise, privée absolument de tous droits politiques et de la plupart des droits civils, jouissait, sous le nouveau régime, d'une pleine et entière liberté qu'elle n'avait pas possédée auparavant. Ces assertions hasardées peuvent être émises à distance, devant un public qui n'est pas au courant de la question ; on rirait à Genève de celui qui oserait les émettre tout haut.

Rousseau applique de même à la souveraineté complète, absolue, afférent à tous les membres du corps, cette idée *d'inaliénabilité* qu'il avait empruntée aux franchises d'Adémar Fabri, durant son séjour à Genève en

1754 (1) ; il admet de même pour la souveraineté toutes les conséquences qui en découlent. C'est au fond l'idée-mère de son système, puisée dans les souvenirs de l'histoire nationale de son pays, dans ce recueil cher aux Génevois, éminemment populaire, soit dans l'époque épiscopale, soit dans l'époque calviniste. Faut-il rappeler que ce recueil a été invoqué à plusieurs reprises de notre temps (2) et que la Constitution génevoise actuelle, en proclamant l'égalité des citoyens (3), lui a emprunté plus d'un article ?

Sans doute, la souveraineté dont parle Rousseau, dans le *Contrat social*, n'est exactement ni ce qu'elle était à Genève dans les

(1) Dans le projet de *Contrat social*, que possède la Bibliothèque publique de Genève, se trouvent ces mots : « Nous recevons tous en corps chaque membre comme *partie inaliénable* du tout. »

(2) Voir les deux brochures de M. James Fazy, intitulées : *Une organisation municipale pour la commune de Genève. D'une organisation municipale pour la commune de Genève.*

(3) Le rapport officiel fait à l'Assemblée constituante génevoise, le 4 janvier 1847, rappelle que, jusqu'aux premiers temps de la réformation, tous les habitants de Genève faisaient partie du Conseil Général.

quatorzième et quinzième siècles, ni ce qu'elle était dans le dix-huitième, au moment où parut ce livre fameux, mais l'idée-mère, qu'il applique à cette souveraineté, est bien celle qu'il a puisée dans les franchises de 1387, celle que mit en avant Deluc père dans la controverse de 1757, celle que défendirent les représentants, ses contemporains, à propos de la charte d'Adémar Fabri ; c'est dans ce sens que telle est l'origine des idées politiques de Rousseau.

Lorsqu'on affirme qu'il n'y a aucun rapport entre Rousseau et les franchises de 1387, parce qu'elles ne constatent pas, en faveur du peuple de Genève, dans le quatorzième siècle, une souveraineté entière, absolue, on ne tient aucun compte du développement successif des libertés dans nos contrées, on ne comprend pas ce grand mouvement communal du moyen âge qui a contribué plus que tout autre à créer la civilisation moderne ; on veut juger les temps anciens par le temps actuel, sans tenir compte de la règle si sage de Montesquieu, que j'ai citée textuellement plus haut. Ou on ne saisit pas l'explication qui a été mise en avant, où, ne pouvant l'attaquer en face, on la dénature pour mieux la combattre : parce que le Rhône à Lyon n'est pas exactement ce qu'il est dans le Valais, parce qu'il est plus large, plus puissant, parce que c'est, en un mot, un grand fleuve, au lieu d'un plus modeste cours d'eau, comme il était dans l'origine, on en conclut qu'il n'a pas sa source au pied des Hautes-Alpes.

Libre à l'auteur allemand de soutenir que Rousseau préfère en réalité le gouvernement contemporain génevois, — qu'il attaque avec violence, notamment dans ses *Lettres écrites de la montagne*, — au gouvernement des franchises qu'il vante en des termes extrêmement élogieux; c'est son affaire. Il y a des assertions qui ne se prennent pas au sérieux, des affirmations qu'il serait oiseux de réfuter (1). Les textes qui ont été cités parlent si clairement, surtout si on les compare aux lettres de Tronchin et à un ensemble d'autres

(1) Autant vaudrait s'occuper du style de l'auteur, lorsqu'il lui plait d'écrire en français, ou de citer des noms propres qu'il estropie impitoyablement, par exemple, à propos du testament de Rousseau, fait en 1737.

documents, ils sont si indiscutables, qu'ils mettent nettement à néant toutes les assertions contraires.

Enfin, l'auteur allemand fait, à propos de mes deux mémoires, une vraie dissertation sur les croyances personnelles de Rousseau ; je le laisse s'enfoncer dans cette voie aussi loin qu'il lui plaira. J'ai lu, dans Bernardin de Saint-Pierre, dont il ne parle pas, et qui nous donne des renseignements particuliers sur la vieillesse du célèbre écrivain, que celui-ci, passant devant une chapelle, y entra et pria, qu'il en sortit fort satisfait ; pour moi, je n'ai aucune envie de scruter les croyances ou la croyance de Rousseau ; c'est d'histoire seulement que je m'occupe et je répète, avec un écrivain que cite l'auteur allemand et que j'ai déjà cité moi-même : « L'histoire a son domaine, les convictions personnelles ont le leur (1). »

(1) *Bibliothèque universelle*, mai 1862, page 143.

V

Les explications dans lesquelles je viens d'entrer sont déjà bien longues, trop longues peut-être; elles sont cependant fort incomplètes, mais il est temps de conclure.

Que comportaient les idées de Rousseau dans Genève, au moment où elles se produisirent avec tant d'éclat et où elles eurent, dans la petite république et bien au delà de ses modestes frontières, un si grand retentissement ?

Etait-ce, comme dans le quatorzième siècle, des principes d'union et de concorde entre la population et le pouvoir ?

Toutes ces inégalités choquantes, qui semblent inhérentes au calvinisme, qui ont été créées et développées par lui, à profusion, dans Genève, supporteront-elles, victorieusement et en silence, cette épreuve solennelle ?

Cette idée de souveraineté inaliénable, indivisible, perpétuelle, en quelque sorte, dans laquelle tous doivent être compris, passera-t-elle inaperçue, inoffensive, au milieu de toutes ces classes, plus ou moins hostiles les unes aux autres, superposées et s'entre-heurtant par la force même des choses?

Toutes ces barrières artificielles qui séparent et qui parquent en groupes divers cette population si unie, si homogène autrefois, résisteront-elles au choc que vont produire les théories du célèbre écrivain? Eteindront-elles ou rendront-elles plus terrible cette guerre sourde qui règne au sein de la société?

Dans cette population, qui ne connaît point le contre-poids salutaire que possédent les Etats-Unis, dans laquelle les déistes et les matérialistes forment, au dire d'un écrivain sympathique à Genève, la très grande majorité, verra-t-on le pouvoir s'entendre à l'amiable avec les privilégiés? Verra-t-on ceux-ci renoncer d'eux-mêmes à ces privilèges d'un autre temps, et les déshérités attendre sans impatience le moment de devenir aussi des citoyens?

I es quatre cinquièmes de la population, étrangers à la pratique de la liberté, feront-ils, pacifiquement et en un jour, l'apprentissage, toujours difficile, de la vie publique? Et cette ténacité génevoise, souvent extrême dans tous les camps, la verra-t-on disparaître sans secousse, comme par miracle et sans effort?

La réponse à ces questions semble facile et se fait, pour ainsi dire, d'elle-même.

« Tout balancé, disait Rousseau, j'ai donné « la préférence au gouvernement de mon « pays. Cela était naturel et raisonnable; on « m'aurait blâmé si je ne l'eusse pas fait (1). »

Mais quel était le gouvernement de son pays? Ce ne pouvait pas être et ce n'était pas celui contre lequel il dirigeait ses attaques éloquentes, les plus vives et les plus passionnées. C'était le gouvernement, tel qu'il avait existé autrefois, tel qu'il se le figurait en théorie, tel qu'il devait être à Genève, selon lui. Or, ces attaques donnaient l'éveil non seulement aux deux classes privilégiées qui luttaient contre le petit Conseil, mais encore,

(1) *Sixième Lettre écrite de la montagne.*

quoiqu'il n'y songeât guère, à toutes les autres classes, à l'ensemble de la nation.

Ces attaques si animées, si enthousiastes, si virulentes, étaient un cri de guerre, c'était le signal donné pour monter à l'assaut du pouvoir ; l'opiniâtreté politique des Génevois faisait deviner facilement que le combat ne serait pas d'un jour ; dans un flux et un reflux de péripéties différentes, il devait se prolonger jusque vers les dernières années du dix-huitième siècle. Le combat était si acharné que, seule, la conquête de Genève par la France put y mettre fin.

Rappelons, en terminant, que les théories de Rousseau ne s'appliquaient, dans l'origine et dans son intention première, qu'à un petit pays. Elles ne se perdaient pas dans les rêves et les nuages ; elles avaient une base solide, une base historique : Genève et ses franchises. Lorsqu'il admettait que la liberté n'était pas possible dans des contrées étendues, qu'il proposait de les morceler, de les diviser en petites contrées confédérées, il opposait, comme contraste, à la centralisation la plus extrême, la plus extrême décentralisation. Peut-être est-il permis de croire qu'il songeait aussi à un autre pays qu'il avait sous les yeux, à la Suisse, dont Genève devait faire partie un jour.

Or, d'une idée générale contenue dans le *Contrat social*, on devait tirer des conséquences générales, extrêmes, et rendre les théories de Rousseau plus révolutionnaires encore, en les appliquant, contre son intention, à de grands pays.

Appliquées à la France, qui n'avait pas la même base historique que Genève, elles ont eu une portée beaucoup plus étendue qu'il n'aurait pu le supposer lui-même.

Faute d'une base pratique, préconstituée, on allait s'appuyer tôt ou tard sur des abstractions, sur la raison pure ; au pouvoir absolu de la royauté, on allait bientôt opposer un autre pouvoir dont la responsabilité est infiniment moins grande que celle d'un seul. On allait, tombant d'un extrême dans un autre, substituer, à l'infaillibilité politique d'un monarque, l'infaillibilité politique des masses.

La raison abstraite, que Rousseau fit prévaloir, avait une cause évidente dans la Genève calviniste, elle était en contradiction directe avec cette sombre prédestination que patronnait Calvin ; c'est pourquoi, peut-être, Rousseau a emprunté la clé de voûte de son système à l'ancienne Genève, à la Genève épiscopale, sans bien oser l'avouer ouvertement à ses compatriotes, à ce peuple de Genève qui, à des qualités très réelles, joignait des préjugés enracinés dont Rousseau a largement tenu compte; mais cette cause directe, qui s'appliquait à Genève, s'appliquait-elle de même à la France?

Quoiqu'il en soit, le système de Rousseau, qui tendait, pour être réalisé, au morcellement des souverainetés et à leur grand nombre, contribua largement, au contraire, à faire naître et à alimenter ces grands orages dont nos pères furent les témoins ; il eut ainsi pour conséquence de diminuer considérablement le nombre des souverainetés de peu d'étendue, de créer de grandes nations, ce que Rousseau eût vivement regretté lui-même. Genève, sa patrie, ne faillit-elle pas, au milieu de ces violentes tempêtes, être engloutie comme nation et disparaître ?

Telles ont été les conséquences inattendues d'un système qui avait été, quelques siècles auparavant, dans Genève, un système d'union, de concorde et de paix, d'un système qui avait rendu le peuple génevois heureux et prospère, à l'abri duquel il avait été, suivant les expressions de l'auteur du *Contrat social*, *plus libre que s'il eût été entièrement républicain*.

Au lieu d'un fleuve calme et tranquille, suivant son cours, sans déchirer ses rivages, le fleuve coule furieux, débordé ; on dirait un grand torrent des Alpes, grossi par les pluies, se précipitant au loin, menaçant et terrible, comme aux jours des grandes inondations.

FIN DU TROISIÈME MÉMOIRE.

DIVERS COMPTES-RENDUS

I

Article de la *Revue de Belgique* :

Le centenaire de la mort de Jean-Jacques Rousseau approche. Les compatriotes de celui qui aimait à s'appeler le *citoyen de Genève* se disposent à célébrer sa mémoire d'une façon digne de lui; d'après ce que l'on dit de leurs projets, il n'y aura guère de ces pompes superflues qu'il abhorrait, et sa fête aura essentiellement le cachet d'une fête de l'intelligence et de la pensée. Plusieurs ouvrages de circonstance verront le jour à cette occasion. Des discours seront prononcés où Rousseau ne sera ni béatifié ni glorifié outre mesure, mais étudié, analysé, disséqué, photographié sous toutes ses faces. L'histoire générale et l'histoire littéraire y gagneront sous plus d'un rapport. Cette solennité nationale ne sera donc pas vaine et stérile. Rousseau ne la désavouerait point.

Un premier échantillon ou un avant-coureur de la *littérature jubilaire* a été communiqué déjà, l'an dernier, à l'Institut genevois, et vient de paraître en brochure. C'est une étude fort intéressante sur l'*Origine des idées politiques de Rousseau* (1). L'auteur, M. Jules Vuy, est un jurisconsulte érudit, un historien et archéologue d'une grande sagacité, un poète délicat. Voici comment il définit son sujet : « Je me propose aujourd'hui, à une « époque où l'on parle beaucoup de l'auteur « du *Contrat social,* de rechercher avec im- « partialité, froidement, brièvement, autant « que possible, quelle est l'origine de l'idée « la plus saillante du système politique de « Rousseau, quelle est la source à laquelle « il l'a puisée, d'où venait cette source « elle-même... »

L'idée la plus saillante, l'idée maîtresse du système politique de Rousseau, « qu'il a dé- « veloppée avec talent, à laquelle il a donné « tout le prestige de son génie, » c'est que

(1) Par Jules Vuy, vice-président de l'Institut genevois. Extrait du *Bulletin de l'Institut*, tome XXIII. Genève, 1878.

« la souveraineté et la liberté ne se perdent « pas, qu'elles ne périssent point, *qu'elles ne « peuvent être aliénées, qu'elles ne sauraient « être prescrites.* » Rousseau ne sépare pas la liberté de la souveraineté. Citoyen genevois, il revendique le droit du *Conseil Général* à l'exercice de la souveraineté; il proclame la souveraineté des *comices* contre le sénat; il fait revivre les anciens privilèges du corps auquel il appartient contre ce qu'il considère comme une usurpation oligarchique entreprise par une partie des privilégiés sur les droits de tous. « En construisant ses théo« ries, qui allèrent plus loin que sa pensée, « que son intention première, Rousseau son« geait uniquement au pays natal; en vain « s'enorgueillissait-il de sa qualité de citoyen, « qui était alors en réalité un titre aristocra« tique; en vain se préoccupait-il avant tout « de sa patrie dans le *Contrat social :* il allait « devenir bientôt le législateur de la démo« cratie militante... Après la publication du « *Contrat social,* tour à tour bien ou mal com« prise, trahie plus d'une fois par ses pro« pres partisans, par ses plus ardents défen-

« seurs, la liberté existera désormais à l'état
« de théorie, de principe abstrait revendiqué
« par l'humanité en bloc, pour tous les peu-
« ples, même pour ceux qui n'en voulaient
« ou qui n'en savaient pas user. Si Rousseau
« avait eu directement en vue Genève, ses
« écrits jetés sur un plus grand théâtre, lus
« de l'Europe entière, eurent une portée im-
« mense que lui-même, dans le principe, ne
« soupçonnait pas. »

Georges Sand exagère beaucoup, sans doute, lorsqu'elle s'écrie : « La grande ré-
« volution française qui a commencé leur
» émancipation, savent-ils, les enfants du
« peuple, que c'est à Jean-Jacques qu'ils la
« doivent ? » Mais il n'en est pas moins vrai que les idées de Rousseau sont devenues en grande partie les idées de la révolution française, et qu'en recherchant leurs origines, on sonde, selon l'expression d'un critique, les origines mêmes de la révolution et celles de la pensée moderne.

Cette idée de l'*imprescriptibilité* et de l'*inaliénabilité* des droits du souverain, c'est-à-dire de l'ensemble des citoyens, M. Vuy la retrouve dans la charte des *Franchises* de Genève qu'un prince-évêque dont le nom est resté populaire, Adémar Fabri, a octroyée, en 1387, à l'ancienne cité impériale du Léman. L'article 78 de cette charte statue que les *Franchises de Genève ne peuvent être ni aliénées ni prescrites ; si elles venaient à être violées, cette violation ne les détruirait pas ; elles ne seraient pas perdues par le non usage pendant deux ou plusieurs générations.*

C'est là que Rousseau a puisé son idée fondamentale. Le fait ne saurait être révoqué en doute. Très versé dans les annales de sa patrie, l'auteur de l'*Emile* et du *Contrat social* a voulu être l'historien de Genève ; on doit regretter qu'il n'ait pu réaliser ce projet. Il a exposé, dans une ébauche manuscrite, qui est conservée à la bibliothèque de Neuchâtel, les principes justes de l'école historique, et son Histoire aurait été, dans tous les cas, une œuvre remarquable. « Pour bien « étudier, dit-il, les lois politiques d'un Etat « moderne, il ne faut point commencer par « les prendre en corps pour les analyser « ensuite, mais il faut, au contraire, les

« prendre à leur origine et suivre l'ordre de « leur composition. Car on n'en peut bien « pénétrer l'esprit qu'à l'aide des circons-« tances qui les ont produites et des effets « que ceux qui les ont faites s'en sont pro-« mis... Je suis donc obligé, pour expliquer « le gouvernement présent, de remonter à « sa source et d'éclaircir souvent ce qui « existe par ce qui s'est passé depuis fort « longtemps. » Puis il mentionne l'article en question : « L'évêque y déclare qu'il ne fait « que rassembler ou confirmer des fran-« chises si anciennes, qu'il n'est mémoire du « contraire, *en telle sorte que le non-usage ne « peut prescrire contre elles*, et qu'il ne laisse « ni à ses successeurs ni à personne le droit « de les révoquer. » Rousseau revient à plusieurs reprises sur la reconnaissance que Genève doit à ses évêques : « La liberté ne « germa que sous l'épiscopat, et les évê-« ques, que le peuple de Genève regarde « comme les anciens tyrans de sa patrie, en « furent, en effet, les pères et les bienfai-« teurs. » Lorsque Rousseau écrivait ces lignes, les préjugés les plus injustes régnaient encore à Genève, à l'égard des temps antérieurs à la Réformation. Peu d'années après, cependant, un auteur estimable, qui n'était nullement hostile au régime politique moderne, le docte Senebier, énonçait la même idée dans son *Histoire littéraire de Genève.* Aujourd'hui, l'on rend généralement justice au régime épiscopal.

Les *Franchises* d'Adémar Fabri reproduisent en majeure partie les anciennes et immémoriales coutumes génevoises. Elles consacrent aussi quelques principes nouveaux, et celui de l'article 78 en est. D'où vient-il? M. Vuy, mettant très heureusement à profit sa connaissance des chartes de la Savoie, nous apprend qu'un bourg voisin de Genève, Cruseilles, jadis ville forte et non sans importance commerciale, avait reçu, en 1371, de son seigneur Robert III de Genève, qui fut le cardinal de Genève et l'antipape Clément VII, confirmation de ses anciennes franchises et octroi de franchises nouvelles dans lesquelles est proclamé ce même principe de l'imprescriptibilité en termes à peu près identiques à ceux de l'article 78. Il est permis de voir dans ce fait autre chose qu'une simple coïncidence. Adémar Fabri était originaire de La Roche, autre petite ville de la même contrée; sa famille était, comme toute la noblesse du pays, en relations constantes et nécessaires avec les comtes de Genève ; camérier et confesseur de Clément VII, c'est par cet antipape qu'il fut mis sur le siège épiscopal, et il a pu, très naturellement, s'inspirer de son œuvre législative.

Voilà donc un principe *révolutionnaire* dont la filiation légitime nous mène à un pape et dans une obscure bourgade savoyarde. Il serait aisé sans doute de la poursuivre plus loin. M. Vuy cite d'autres chartes plus anciennes des environs de Genève : celle de Flumet de 1307, celle de Gex de 1292; je n'en puis parler, ne les ayant pas sous la main. Je pense qu'à une certaine époque et peut-être dans une certaine zone, la disposition dont il s'agit a dû être fréquente et même de style plus ou moins constant. Elle a pour source première, le droit romain, transmis par le droit canon. On peut voir dans son introduction un exemple de l'influence favorable au progrès social qu'ont exercée les légistes, tant canonistes que civilistes; on peut rappeler, en particulier, à propos de Clément VII et d'Adémar Fabri, les paroles d'un écrivain libéral français, aujourd'hui ministre de l'instruction publique et des cultes : « Dans la prise d'assaut des « tyrannies féodales, l'honneur d'avoir prati- « qué la première brèche appartient aux juri- « dictions ecclésiastiques. Impossible de dire « jusqu'où allèrent les prétentions des doctri- « nes ultramontaines. Une grande part dans « les respects de l'histoire n'en doit pas moins « être faite au droit canon. Après tout, il « eut mission de venger et de maintenir les « salutaires notions de l'humanité outragées « violemment dans l'épaisse confusion des « premières races. » A. RIVIER.

(*Revue de Belgique*, livraison du 15 avril 1878, pages 434-437.)

N. B. Cet article du savant recteur de l'Université de Bruxelles a été écrit avant le *Centenaire* de Rousseau, après la publication du premier mémoire sur l'*Origine des idées politiques du Citoyen de Genève.*

II

Article de la *Bibliothèque de l'Ecole des Chartes :*

La théorie de la souveraineté du peuple formulée par Rousseau dans le *Contrat social* est, pour ainsi dire, un produit abstrait et philosophique né de l'étude de la charte génevoise de l'an 1387. Telle est la thèse que M. Vuy a développée dans l'intéressant opuscule que j'analyse.

L'article de la charte des libertés de Genève qui contient en germe les théories de Rousseau est ainsi conçu dans la traduction française de 1455 :

« Que, si les dessus ditz citoyens de Ge-
« néve qui par le temps present sont et se-
« ront au temps advenir procureurs de la
« dite cité, des dessus ditz privileges et fran-
« chises en tous leurs chapitres ou en aul-
« cuns d'eulx nen usent, que pourtant les
« ditz citoyens et communité par l'espace de
« trente ans, quarante ans, cinquante ans ou
« plus ne soient pas perdus (*sic corr.* pre-

« clus ?) (1) ou ne leur puisse encourre pres-
« cription de temps. Et se nous ou nostres
« officiers que par le temps advenir (seront)
« venoient au contraire en tout ou en partie
« de ces privileges, ou qu'il attentassent de
« venir au contraire, que pour tant ils ne
« deussent ne ne peussent aus ditz citoyens,
« clercz et communité porter prejudice quel-
« conque ne alleguer prescription de temps,
« sinon en tant qu'il seroit du consentement
« et voulenté des ditz citoyens de la dite
« communité. »

Tout concourt à prouver que cet article d'une charte lue certainement par Rousseau, citée par lui, a été l'occasion, le point de départ, de la célèbre formule :

« La souveraineté est indivisible, inaliéna-
« ble, et elle réside essentiellement dans
« tous les membres du corps. »

Je n'ai, pour ma part, nulle objection à faire à la thèse de M. Vuy et je la crois digne de fixer l'attention de nos lecteurs. Ce

(1) La traduction porte bien le mot *perdus* et l'original *non amitterent nec amittere deberent*. (J. V.)

travail a été, à l'Académie des sciences morales et politiques, l'objet d'un rapport fort remarquable de M. Nourrisson, auquel on fera bien de se reporter (1).

Paul VIOLLET (2).

(*Bibliothèque de l'Ecole des Chartes.* 1881. Deuxième livraison, pages 215, 216.)

III

Article de la *Gazette de Lausanne* :

Dans un premier mémoire publié, comme celui qui nous occupe, dans le Bulletin de l'Institut genevois, puis à part, l'auteur s'est attaché tout d'abord à établir l'idée fondamentale du système politique de Rousseau, telle qu'elle ressort du *Contrat social* et des *Lettres écrites de la montagne*. L'ayant trouvée dans ce principe que la souveraineté et la liberté sont inaliénables et imprescriptibles,

(1) *Séances et travaux de l'Académie des sciences morales et politiques*, compte-rendu par *Vergé*, t. 110, p. 904 et suivantes.

(2) De l'Institut. Cet article a paru après la publication du premier mémoire sur l'*Origine des idées politiques de Rousseau.*

il a démontré par une critique savante et judicieuse, fondée en partie sur de propres passages de Rousseau, que celui-ci n'est pas l'auteur du dit principe. Jean-Jacques l'a emprunté, en lui donnant, il est vrai, une signification toute opposée, aux franchises promulguées dans Genève, le 13 mai 1387, par l'évêque Adémar Fabri, et qui, bien que vouées à l'oubli sous le gouvernement issu de la Réformation, ne lui étaient pas inconnues. L'article 78 de ces franchises, que l'on doit regarder comme l'origine de la théorie politique de Rousseau, est lui-même tiré, ainsi que le prouve M. Vuy, de la charte accordée en 1371 par le cardinal Robert de Genéve à la petite ville de Cruseilles.

Mais si l'origine de l'idée est la même, celle-ci se présente néanmoins, dans la seconde moitié du dix-huitième siècle, bien différente de ce qu'elle était au quatorzième. Adémar Fabri avait fermement lié par elle la nation génevoise à l'évêque; Rousseau s'en servit au contraire pour faire éclater une lutte implacable entre le gouvernement et le peuple.

Fut-il en ceci un novateur ou n'a-t-il fait que développer et répandre au loin, par l'autorité de son génie, des principes déjà mis en scène ? C'est la question dont s'occupe la seconde brochure.

Abordant dans cette partie le récit des dissensions survenues en 1757 entre le Petit Conseil de Genève et les Représentants, au sujet d'un impôt dont le premier avait frappé les bancs d'église sans le concours du Conseil Général, M. Vuy établit la preuve, par nombre de citations contemporaines, que les mêmes idées formulées par Jean-Jacques dans le *Contrat social,* qui parut cinq ans après, furent déjà invoquées à cette occasion, bien que d'une manière moins radicale, par plusieurs des champions du parti populaire. C'est donc là qu'il faut chercher la source directe et la plus abondante de ses doctrines politiques.

Tel est, en résumé, le travail de M. Vuy. Il est à regretter qu'il ne l'ait point entrepris sur une plus vaste échelle, en essayant de suivre à travers les siècles la transformation de l'idée d'Adémar Fabri. Quoi qu'il en soit, nous le croyons utile et intéressant pour tous ceux qui étudient l'œuvre de Jean-Jacques. Le style en est clair, précis, les questions sont nettement posées, les réflexions et les conclusions y sont justes et instructives. Nous souhaitons à cette seconde brochure tout le succès qu'a eu la première et qu'elle mérite à égal titre.

A. M.

(*Gazette de Lausanne*, 19 janvier 1882.)

IV

Article du *Journal de Vevey* :

Bien qu'on eût déjà beaucoup écrit sur la vie et l'œuvre de Rousseau depuis la fin du dernier siècle, il restait encore un vaste champ ouvert aux investigations de ses biographes et de ses critiques, lorsque le centenaire célébré en 1878 à Genève et à Paris, vint donner une vive impulsion aux recherches à son sujet. Un nombre assez considérable de travaux destinés, les uns à rectifier ou à compléter, sur un ou plusieurs points, les récits des *Confessions*, les autres à étudier et à rechercher l'origine des principes religieux, moraux ou politiques du grand écrivain, sortirent de presse à cette époque. Ces publications, d'une valeur et d'une étendue très diverse, n'ont point toutes mérité de survivre longtemps à la solennité à l'occasion de laquelle on les avait composées. Plusieurs d'entre elles n'ont eu qu'un intérêt spécial et très momentané. Parmi celles qui, par contre, ont réussi à éveiller une attention durable en projetant de la lumière sur des points jusqu'alors obscurs, on doit citer les deux mémoires de M. Jules Vuy sur l'*Origine des idées politiques de Rousseau.* Le fait qu'ils ont obtenu tous deux l'honneur d'une discussion au sein de l'Institut de France et qu'ils ont été l'objet d'élogieux comptes-rendus dans nombre de journaux français, belges, allemands et suisses, marque suffisamment leur importance.

Dans le premier de ces mémoires, M. Vuy s'attache à rechercher avec toute l'impartialité possible « quelle est l'origine de l'idée la « plus saillante du système politique de Jean- « Jacques Rousseau, quelle est la source à « laquelle il l'a puisée, d'où venait cette

« source elle-même. » Après avoir établi que l'idée fondamentale développée dans le *Contrat social* et dans les *Lettres écrites de la montagne* est celle-ci : « que la souve-« raineté et la liberté ne se perdent pas, qu'elles ne périssent point, qu'elles ne peu-« vent être aliénées, qu'elles ne sauraient « être prescrites », il prouve que ce principe, auquel Rousseau a donné tout le prestige de son talent, est emprunté au paragraphe 78 des franchises promulguées dans Genève le 13 mai 1387, par l'évêque Adémar Fabri. C'est ce qui résulte évidemment, soit de la comparaison de l'article précité avec les écrits de Jean-Jacques, soit de la polémique de ce dernier avec le procureur général Tronchin. Quant au paragraphe 78 lui-même, il est extrait presque textuellement de la charte accordée en 1372 par le cardinal Robert de Genève à sa petite ville de Cruseilles.

Mais si c'est dans cette charte que l'on doit rechercher la commune origine des systèmes politiques de Fabri et de Rousseau, ceux-ci n'en poursuivent pas moins des buts diamétralement opposés. L'évêque du quatorzième siècle, par la concession de ses franchises, avait formé un lien des plus solides entre la nation génevoise et son souverain. L'écrivain politique du dix-huitième siècle, par contre, interprète bien différent des mêmes principes, s'en sert pour saper le pouvoir, pour établir entre le gouvernement et la masse du peuple une lutte à outrance, qui finira par la révolution.

Comment la charte épiscopale de 1387 parvint-elle à la connaissance de Rousseau, malgré l'oubli auquel elle était condamnée par le régime issu de la Réforme? Le principe qu'il en a tiré reçut-il spontanément, par le seul effet de son génie, une allure si essentiellement différente de celle qu'il avait eue d'abord? Telles sont les questions que résout le deuxième mémoire de M. Vuy. On n'ignore pas que l'auteur du *Contrat social* avait fait des recherches sur l'histoire de Genève et s'était occupé de cette charte. M. Vuy va plus loin en démontrant que cette dernière, rappelée à l'attention du public genevois pendant les troubles qui eurent lieu plusieurs années avant l'apparition du *Contrat social*, avait été invoquée alors, dans le même sens que Rousseau, par plusieurs champions du parti populaire. C'est ainsi qu'à l'occasion de la querelle survenue en 1757 entre les Représentants et le Petit Conseil au sujet d'un impôt dont celui-ci avait frappé les bancs d'église sans le consentement du Conseil Général, il fut souvent question des droits imprescriptibles contenus dans les vieilles franchises. Rousseau n'a donc point fait en matière politique une œuvre entièrement originale. Son rôle a été plutôt de généraliser, de développer et de répandre au loin, avec tout l'éclat de son génie, des principes déjà mis en scène.

(*Journal de Vevey*, numéro du 4 février 1882.)

V

Article du journal *Le Devoir* :

En majeure partie, a dit Auguste Cochin, les hommes ne savent ni remonter ni redescendre le cours des idées ; ils se contentent de les voir passer comme l'eau et se moquent volontiers de ceux qui leur disent qu'en naissant cette eau fut une goutte et qu'à son terme elle sera un torrent. — Rien n'est plus vrai. Tandis que notre siècle n'a épargné aucun effort, aucun sacrifice pour connaître les sources d'un grand fleuve et s'expliquer ses fécondantes inondations, il a peu fait pour remonter aux sources de ce fleuve d'un autre genre qui emporte la société moderne vers des horizons nouveaux. Quand on a nommé Montesquieu, Voltaire, Rousseau, il semble que tout soit dit. On ne s'enquiert pas d'où sont venues leurs idées, et l'on s'accoutume à considérer ces puissants génies comme des météores apparaissant soudain dans le ciel de la pensée, sans que rien ait annoncé leur venue et sans que rien puisse jamais l'expliquer. — C'est un tort. L'homme dont la pensée est la plus indépendante doit toujours quelque chose de cette pensée à ses prédécesseurs. Il est aussi intéressant que juste de rechercher quelle part revient à chacun. — C'est un travail de cette nature que vient de faire M. Vuy à l'égard de Rousseau. — M. Vuy était des mieux qualifiés pour cette entreprise, car il est poète, jurisconsulte et historien. En outre, il est Génevois, ce qui n'est pas sans utilité pour qui s'occupe de Rousseau. — Il résulte de cette étude que plusieurs des principes si chaudement défendus par Rousseau dans le *Contrat social*, entre autres l'inaliénabilité de la souveraineté populaire, ont été puisés dans une vieille charte génevoise de 1387, charte par laquelle l'évêque de Genève d'alors, Adémar Fabri, confirmait les libertés des bourgeois de Genève en étendant ces libertés. — Les documents font défaut pour savoir si le principe en question fut concédé ou seulement confirmé par cette charte. Les historiens génevois ne sont pas d'accord là-dessus ; mais cette discussion est sans importance, lorsqu'on veut savoir d'où Jean-Jacques Rousseau tenait ses idées. — Or, les citations de M. Vuy ne laissent aucun doute sur la présence dans la charte de 1387 du principe de l'inaliénabilité de la souveraineté populaire. Ainsi donc, même en admettant, ce qui est peu probable, que ce principe ait été concédé et non confirmé à cette époque, il n'aurait pas été âgé de moins de quatre siècles lors de l'apparition du *Contrat social.* D'autre part, il est évident que Rousseau a eu connaissance de la charte de 1387, car il en cite lui-même divers paragraphes dans plusieurs de ses *Lettres écrites de la montagne.* C'est encore là un point parfaitement établi par M. Vuy.

Il est assez piquant de songer qu'en 1387, il y avait quelque part sous le soleil un évêque assez libéral pour confirmer ou concéder par acte solennel des libertés que les évêques d'aujourd'hui combattent par tous les moyens en leur pouvoir, et que le Pape anathématise avec la plus grande vigueur (1).

(1) Sans aborder les questions confessionnelles, auxquelles ce volume est absolument étranger, nous reproduisons ici un passage de la lettre encyclique de Léon XIII, sur la Constitution chrétienne : « Le droit de commandement n'est... en lui-« même nécessairement lié à aucune forme politique..... — Le « commandement doit être juste et moins sentir le maître que le « père, parce que la puissance de Dieu sur les hommes est sou-« verainement juste et intimement unie à sa paternelle bonté. Il « doit d'ailleurs être exercé pour l'avantage des citoyens, parce « que ceux qui commandent aux autres ne sont investis du pou-« voir que pour procurer le bien public. Jamais, sous aucun pré-« texte, le pouvoir politique ne doit favoriser exclusivement les « intérêts d'un seul ou de quelques-uns, puisqu'il a été établi « pour le bien général de tous. »

Cela ne prouve pas que l'Eglise romaine soit dans la voie du progrès. — En somme, le travail de M. Vuy est des plus intéressants et des plus neufs. Espérons que le même auteur voudra bien poursuivre ses recherches et remonter aux origines d'autres idées de Rousseau. — Quelques-unes nous paraissent venir en ligne droite de Fénélon et d'autres du régime théocratique protestant que Calvin établit de son vivant à Genève. Il serait curieux de voir où sont les rapprochements et où les différences (1). E. C.

(*Le Devoir*, publié à Guise (Aisne), numéro du 5 mai 1878.)

VI

Article du *Correspondant* :

Chacun sait aujourd'hui que les libertés constitutionnelles dont l'Angleterre est si fière, tirent leur origine du moyen âge catholique, c'est-à-dire de la grande charte arrachée à Jean sans Terre par les évêques et les

(1) Ce compte-rendu est relatif au premier mémoire.

barons du royaume. Un fait que les travaux historiques de notre âge n'ont pas rendu moins notoire, c'est qu'un grand nombre de cités du moyen âge offraient le type d'une vie démocratique très avancée. Il suffit de rappeler Florence, Vienne, Pise en Italie, et dans le Nord les villes flamandes dont la ligue longtemps si redoutable au roi de France ne fut pas moins obstinée à lutter pour le maintien des institutions locales contre les princes de la maison d'Autriche. Toutefois, quelle longue solution de continuité entre les communes si prospères du moyen âge qui perdirent insensiblement toute vie propre et le réveil des idées démocratiques à la fin du dix-huitième siècle ! Rousseau, qui, par la publication de son *Contrat social*, devint le principal auteur de ce dernier mouvement, avait-il été fouiller dans la poussière du passé, pour y découvrir les vieilles franchises tombées en désuétude et s'inspirer en quelque manière de leur esprit ? Il y aurait là de quoi nous édifier, au moment où l'on s'évertue à faire de la démocratie victorieuse une redoutable machine de guerre contre l'Eglise et le christianisme. Or, la question que nous indiquons vient d'être justement abordée par un érudit génevois, M. Jules Vuy, ancien membre du Conseil d'Etat de son canton et des assemblées fédérales suisses. M. Vuy a donné pour épigraphe à son travail ces paroles d'Auguste Cochin : « En majeure partie, les hommes ne savent ni remonter ni redescendre le cours des idées ; ils se contentent de les voir passer comme l'eau, et se moquent volontiers de ceux qui leur disent qu'en naissant cette eau fût une goutte et qu'à son terme elle sera un torrent. »

Genève, patrie de Rousseau, avait été au moyen âge une cité impériale dotée des institutions de ces communes libres, que nous avons mentionnées ; c'était à l'un de ses princes-évêques, Adémar Fabri, dont le nom est resté populaire même au sein de la population protestante actuelle, que Genève avait dû, le 13 mai 1387, la promulgation solennelle de la charte de ses franchises. L'avènement de la Réforme et l'établissement à Genève d'un grand nombre de réfugiés protestants de race noble, sortis de France et d'Italie, amenèrent insensiblement la transformation de l'ancienne constitution en lui imprimant un caractère oligarchique très prononcé. Le souvenir d'Adémar Fabri et de sa charte populaire jaillit comme un trait de lumière dans la pensée de Rousseau, à l'heure où, travaillé par les sourdes aspirations de son âge, il se mit à écrire sur la politique. M. Vuy ne cherche pas à nous faire voir dans la charte du prince-évêque le prototype du *Contrat social.* Mais ce qu'il a observé avec beaucoup de sagacité, c'est comment tel principe démocratique des franchises génevoises de 1387, saisies et méditées par l'esprit de Rousseau, a pu donner lieu aux fameuses théories qui ont fait tant de bruit dans le monde. Par exemple, l'art. 78 de la charte d'Adémar Fabri porte « qu'aucune prescription ne pourra jamais être invoquée au détriment des libertés nouvelles. » Rousseau s'empare de cette idée et il formule son grand principe de l'inaliénabilité de la souveraineté populaire. L'assemblée des citoyens génevois réunis en *comice* portait le nom de Conseil Général. Quelquefois même, ainsi qu'en 1420, les simples habitants et les natifs étaient admis à y figurer. Ces *comices* populaires ont inspiré à Rousseau sa conception du souverain. « La souveraineté, écrit-il, est indivisible, inaliénable, et elle réside essentiellement dans tous les membres du corps social. »

Dès son apparition, le *Contrat social* fut brûlé à Genève par la main du bourreau. Le procureur général de la république, Jean-Robert Tronchin, répondit à Rousseau par une série de *Lettres dites de la campagne.* Dans ces pages il lui reproche ouvertement d'avoir été puiser ses principes sur le pacte fondamental dans une charte de 1387 et dans les comices populaires de 1420, c'est-à-dire dans des temps ténébreux où on n'aperçoit pas encore un corps de bourgeoisie, puisqu'elle y marche collatéralement avec le reste des habitants. Tronchin signalait en outre le danger qu'il y aurait à s'appuyer sur des actes remontant à l'époque où Genève avait un évêque. Les célèbres *Lettres de la montagne* contiennent la réplique de Rousseau. Il ne craint pas, dit M. Vuy, d'opposer les mérites de l'ancien gouvernement épiscopal à ceux du gouvernement calviniste de son temps, et voici dans quels termes il s'adresse à ses compatriotes : « Ces droits si judicieusement combinés, ces droits réclamés par les représentants en vertu des édits, vous en jouissiez sous la souveraineté des évêques, et à nous, républicains, on veut les ôter ! Voyez les articles 10, 11 et plusieurs autres des franchises de Genève, dans l'acte d'Adémarus Fabri. Ce monument n'est pas moins respectable aux Génevois que ne l'est aux Anglais la grande charte encore plus ancienne, et je doute qu'on fût bienvenu chez ces derniers à parler de leur charte avec autant de mépris que l'auteur des *Lettres* ose en marquer pour la vôtre. »

Certes, ce passage est curieux. Mais Rousseau ne s'en tint pas là. Il avait conçu le projet d'écrire l'histoire de Genève et la bibliothèque de Neuchâtel conserve des manuscrits importants où un grand nombre des parties de cet ouvrage se trouve à l'état d'ébauche très avancé. Rousseau, plus libre de ses jugements, ne craint pas de se prononcer ici sur l'origine catholique et épiscopale des libertés génevoises d'une manière qui aurait vivement choqué les préjugés de ses compatriotes calvinistes. Il écrit en effet : « L'origine des franchises et des libertés du peuple de Genève se perd dans la nuit des temps. Dans l'acte célèbre de l'évêque Ademarus Fabri, cet évêque reconnaît lui-même que ces franchises qu'il lui confirme sont de temps immémorial. Toutefois, on ne saurait supposer que dans les désordres qu'entraîna la ruine de l'empire romain, aucun peuple, aucune ville, ait conservé la moindre ombre de liberté. Le système féodal, fondé sur l'esclavage des vaincus, n'était pas propre à la faire renaître. Les évêques, seuls protecteurs du peuple, la tirèrent de la soumission, et les droits municipaux de la ville de Genève ne s'établirent que sur ceux du clergé. Le prince, qui devait au peuple sa puissance, paya sa dette avec usure : il fonda la liberté. Elle vint du côté dont on l'aurait le moins attendue. Genève avait à peu près sous les évêques les mêmes droits que Neuchâtel a sous ses princes : l'honneur et l'embarras du gouvernement étaient pour le prélat, l'avantage et la sûreté étaient pour le peuple. Au dehors, protégé par son souverain, au dedans, par ses franchises, le Génevois ne craignait ni son maître ni ses voisins, il était beaucoup plus libre que s'il eût été tout à fait républicain. » Dans une autre partie de son travail, Rousseau revient sur cette question, et il se montre, si possible, encore plus affirmatif : « L'idée d'aller chercher quelque image de liberté sous les rois de Bourgogne et sous Charlemagne est chimérique. La liberté ne germa que sous l'épiscopat, et *les évêques, que le peuple de Genève regarde comme les anciens tyrans de sa patrie*, en furent, en effet, les pères et les bienfaiteurs. »

Voilà des textes bien peu connus du grand public européen, et cependant leur importance est capitale. On s'est imaginé trop longtemps que Rousseau avait été en fait de démocratie un esprit complètement créateur et que s'il avait suivi un modèle, il l'avait trouvé sous ses yeux, dans la constitution génevoise du dix-huitième siècle. Désormais, il faudra beaucoup rabattre de ces affirmations superficielles. La critique historique oblige à reconnaître que Rousseau a perpétuellement opposé la constitution génevoise du moyen âge à celle beaucoup moins large et populaire qui s'était implantée à partir de la période protestante. Le moyen âge catholique a donc exercé, bien que d'une manière indirecte, une action profonde sur le génie méditatif de Rousseau. Quelle parole que celle-ci, prononcée avec l'accent de la conviction la mieux établie : « Le Génevois, sous ses princes-évêques, était beaucoup plus libre que s'il avait été tout à fait républicain ! »

M. Vuy est trop bon archéologue pour avoir limité là ses savantes recherches. Si Rousseau s'est inspiré de l'évêque Adémar Fabri, qui, pour le dire en passant, était un moine dominicain, ancien prieur du couvent que son ordre possédait dans un faubourg de Genève, il faut reconnaître que les franchises de 1387 furent loin d'être les premières promulguées dans le beau pays qui s'étend de la chaîne du Jura au pied des grandes

Alpes. Pour ne pas nous arrêter aux libertés de Neuchâtel, qui remontent au delà même de la grande charte anglaise, c'est-à-dire près de deux siècles plus tôt, il faut mentionner, dans le voisinage immédiat de Genève, un groupe de petites villes, Gex, Thonon, Hermance, La Roche, Cruseilles, qui formaient comme une ceinture autour de l'antique cité épiscopale et qui l'avaient devancée, du moins quant à la promulgation solennelle de leur charte communale. La charte d'Adémar Fabri offre en particulier de grandes analogies avec celle octroyée, quinze années auparavant, en 1372, à la petite ville de Cruseilles, par un prince de la famille des comtes du Génevois, le cardinal Robert de Genève, dont l'élection à la papauté, faite en opposition à celle d'Urbain VI, amena le grand schisme d'Occident. La charte de Cruseilles renferme déjà cette clause sur l'inaliénabilité et l'imprescriptibilité des libertés populaires dont Rousseau fit plus tard la clef de voûte de son système. Adémar Fabri paraît avoir été en tout temps en liaison intime avec Robert de Genève, qui, après se l'être attaché en qualité de camérier et de confesseur, le fit élever à l'épiscopat et enfin l'appela à Avignon pour le revêtir de la pourpre.

Après avoir promené son lecteur au travers des parchemins poudreux qui constituaient les titres publics de ces petites cités des environs de Genève à la fin du quatorzième siècle, M. Vuy ne peut s'empêcher de remarquer que ces vieilles chartes renfermaient, avec une rédaction plus ou moins confuse et mal coordonnée, des garanties précieuses qui nous étonnent aujourd'hui et qu'à certains égards nous ne possédons pas au même degré.

Nous n'avons touché ici qu'un point d'histoire et d'archéologie. Si nous voulions faire ressortir les différences qui existent entre la démocratie, telle qu'elle était pratiquée en certains lieux au moyen âge, et celle qui, de nos jours, prétend découvrir dans Rousseau, son père légitime, il nous faudrait entrer dans de trop longues discussions. Au fond, le moyen âge, quelle que fût la rudesse de ses mœurs, n'a rien de commun avec la théorie capitale et vraiment fantastique de Rousseau, que l'état sauvage est préférable à l'état de société. Il faut bien compter sur l'ignorance et la naïveté du vulgaire, pour lui proposer, en ce moment, l'apothéose de celui qui s'est fait l'incarnation d'un pareil système. Nul doute que Rousseau n'ait rencontré dans la société de son temps bien des choses contre nature. En religion, le calvinisme et le jansénisme avaient substitué à l'Evangile d'amour un Evangile de terreur. En politique, l'absolutisme régnait. Dans les rangs de la société, on trouvait plus d'une inégalité choquante. L'éducation était souvent factice. Trop de savants ne se servaient de leurs connaissances que pour pousser à l'athéisme, trop d'artistes employaient leurs talents à flatter la corruption en essayant de lui prêter des attraits. Etait-ce là un motif pour attribuer tous les maux de la terre au développement de la civilisation, des arts et des sciences? Fallait-il, sous prétexte de nous ramener à l'état de nature, méconnaître complètement la nature humaine? Les hommes du moyen âge avaient trop conscience de leurs passions, souvent si grossières, pour s'imaginer que l'homme naît aussi complètement bon que l'a voulu Rousseau, et, d'autre part, ils avaient trop d'inspiration d'âme pour renoncer, comme lui, aux sublimes horizons de la foi révélée. Certes, les citoyens des anciennes villes libres croyaient à leur droit de suffrage, et ils prenaient facilement les armes dès que l'on prétendait y porter atteinte; mais comment eussent-ils accueilli le professeur dogmatique et pédant qui serait venu leur prêcher l'absolue infaillibilité des arrêts populaires les plus contradictoires? Le moyen âge nous a laissé plus d'une chronique peu édifiante, aucune, pourtant, dont l'auteur s'exprime avec ce mélange de fausse pudeur et de cynisme à la Diogène, qui circule comme un acide corrosif dans chacune des pages du livre des *Confessions*. Notre démocratie contemporaine est justement faible et instable, en proportion de son manque de respect pour ces hautes autorités morales et religieuses dont Rousseau s'est éloigné, sans pouvoir trouver ailleurs ni le repos ni le bonheur de sa vie. Hélas! ce que cette démocratie admire le plus dans la religion naturelle de l'auteur du *Contrat social*, ce ne sont pas les professions de foi dans l'existence de Dieu, la liberté et l'immortalité de l'âme, c'est l'attitude orgueilleuse et superbe dans laquelle Jean-Jacques se présente à l'*Etre suprême*, comme pour traiter avec lui d'égal à égal.

Il y a donc lieu de répéter ici une vérité longtemps méconnue, mais qui, remise en lumière par les plus célèbres historiens de notre siècle, commence à pénétrer dans l'esprit général. Cette vérité, c'est que les libertés publiques acquises par les peuples modernes ont eu leur source lointaine à l'époque du moyen âge, si pleine de foi, de vitalité et d'énergie. Ces libertés, qui avaient fini par être supprimées, ont reparu à la fin du dix-huitième siècle, c'est-à-dire dans un temps de dissolution sociale, d'impiété et de corruption, où elles se sont mélangées à des éléments qui, loin de les faire prospérer, les ont altérées et ont failli plus d'une fois les perdre de nouveau. Nulle part ce funeste alliage n'est plus visible que dans les ouvrages de Rousseau. C'est ce qui fait que ses écrits, au lieu d'apporter à la société un bonheur idéal, ainsi qu'il s'en était flatté dans ses rêves, ont produit au contraire l'effet d'une dynamite explosible et amené de sinistres bouleversements. La rude tâche de notre génération consiste à opérer le partage de ces idées d'origine si disparate. On ne peut implanter solidement les unes qu'en rejetant inexorablement les autres.

Xavier Dufresne.

(*Correspondant*. Livraison du 25 juillet 1878, p. 359 à 363.)

VII

Article du *Moniteur de Rome* :

« Les petites nations qui ont leur idiôme « ou leur dialecte particulier sont en danger « de mal comprendre ce qui se dit autour « d'elles, de se replier sur elles-mêmes et de « sentir un peu le renfermé ; un petit peuple « qui parle une des grandes langues de l'Eu- « rope a des communications avec tout l'u- « nivers et l'agrément de pouvoir lui raconter « ses affaires de famille. » Cette réflexion judicieuse que Victor Cherbuliez émettait naguère dans un article sur la Belgique, me revient en mémoire à propos de Genève. Si cette ville qui, il y a cinquante ans, ne comptait guère plus de trente mille habitants, a joué un si grand rôle dans l'histoire, elle le doit sans conteste à sa situation géographique, qui lui a permis de conserver son autonomie et de se mêler aux plus graves événements de l'histoire moderne.

Placée à mi-chemin du Jura et des Alpes, dans un site magnifique, sur l'une des grandes routes de l'Europe centrale, la cité du Léman semble être moins un entrepôt de commerce qu'un lieu de rendez-vous pour l'échange des idées. On y parle français, peut-être pas aussi bien qu'à Paris ; du moins, cette communauté de langue entraîne une communauté d'esprit et de sentiment avec un peuple qui a deux qualités précieuses entre toutes : une tête lucide et un cœur chaud. Le voisinage de l'Italie amène le souffle des arts, le goût des discussions philosophiques et théologiques qui distingue la patrie de S. Thomas d'Aquin et de Vico. Par leur contact avec les populations de langue allemande, les Génevois apprennent à être précis, subtils, opiniâtres à la peine et rangés. Que si des malins tiennent à connaître le revers de la médaille et à montrer, chez les Génevois, les défauts des trois races voisines, le temps nous manque pour les réfuter.

L'histoire a été, cette fois-ci, d'accord avec la géographie. Après le démembrement de l'empire de Charlemagne, et, plus tard, après la dislocation du second royaume de Bourgogne, Genève devint ville libre de l'empire, sous la souveraineté de son évêque. Les grands personnages du temps aimaient à s'y arrêter; le commerce y était considérable. Au milieu du quinzième siècle, Amédée VIII, de Savoie, le Salomon de son siècle, ne dédaigna point, après les grandeurs éphémères de la tiare usurpée, de revêtir le titre de prince-évêque de Genève. Quand éclata la réforme et que Calvin exerça son pouvoir despotique dans la cité épiscopale, Genève devint le boulevard des idées nouvelles et resta comme un coin enfoncé jusqu'au cœur des races latines et catholiques. Michelet l'appelle une pépinière de martyrs. Il aurait raison, s'il était permis de donner le nom de martyrs à ces prédicants sombres et fanatiques qui sortaient de Genève pour aller soulever la France, l'Italie, les Pays-Bas, l'Ecosse, l'Angleterre et l'Allemagne. Au dix-huitième siècle, nous y voyons fermenter et grandir le mouvement révolutionnaire. Voltaire s'établit à ses portes. J.-J. Rousseau, qui fut l'initiateur de la démocratie moderne, est l'un de ses enfants. Il est inutile d'insister sur la place considérable que Genève a tenue dans la première moitié de ce siècle, au point de vue intellectuel et politique. Quel que puisse être l'avenir, et bien que la prépondérance morale de cette ville semble fatalement condamnée à décroître, on conviendra, du moins, que le passé en est retentissant, agité, souvent glorieux.

Quelle a dû être l'influence d'un tel milieu sur J.-J. Rousseau? Les idées politiques et religieuses, les mœurs, les souvenirs, jusqu'à la beauté du site, est-ce que tout cela n'a pas laissé une empreinte profonde, dont on peut retrouver les traces, sur le plus illustre, ou, si le mot vous déplaît, sur le plus fameux des citoyens de Genève? Quiconque admet, comme nous, la théorie des milieux que M. Taine a si savamment formulée et qu'il a eu le tort d'exagérer, conviendra sans peine que Rousseau doit à sa ville natale une bonne part de son originalité, quelques-uns des traits les plus caractéristiques de sa physionomie. L'*Emile* et les *Confessions* sont là pour rendre témoignage de ce que nous avançons. Nulle part, cependant, le Génevois ne perce davantage que dans le *Contrat social,* dans ce livre qu'on a justement appelé l'Evangile de la révolution.

Les érudits sont gens curieux et inquiets. Ils ne se contentent point des raisons générales qui font le succès des orateurs. Le vague leur répugne. Ils aiment à voir le fond des choses et cherchent dans les faits la contre-épreuve des théories abstraites. Voici un savant génevois, M. Jules Vuy, qui a voulu, ces derniers temps, avoir le cœur net sur l'origine des idées politiques de Rousseau. Il s'est demandé si l'auteur du *Contrat social* a créé son système de toutes pièces ou s'il n'a fait que réduire en thèses philosophiques des dispositions du droit public déjà connues et mises en vigueur. Ce savant n'est pas le premier venu. Il a joué un rôle important dans les luttes politiques de son pays. La Suisse, Dieu merci, compte encore de ces magistrats qui ne croient pas que l'heure du repos sonne jamais ici-bas et qui consacrent leurs loisirs à l'étude et à des travaux utiles. On ne peut disconvenir que M. Vuy n'ait la main heureuse. Les circonstances l'amenèrent, il y a quelques années, à s'occuper de saint François de Sales ; il trouva le moyen de dire des choses nouvelles, pleines d'intérêt, sur le grand évêque de Genève, et il a la gloire de nous avoir donné l'histoire vraie de ce chef-d'œuvre de piété que nous aimons tous, l'*Introduction à la vie dévote.* Cette fois-ci, M. Vuy a rencontré un filon aussi riche ; et, comme il a le coup d'œil juste, la main sûre, l'amour passionné de la science et de la vérité, il est en train d'exploiter cette mine encore inexplorée. Il a déjà publié trois Mémoires sur les idées politiques de Rousseau, et il est arrivé à cette conclusion, — un peu singulière au premier abord, mais irréfutable, selon nous, — qu'il faut chercher l'origine du principe le plus saillant et le plus neuf du *Contrat social* dans le code des Franchises municipales de Genève, publié en 1387 par le prince-évêque Adémar Fabri.

La vie de Rousseau est bien l'image de son âme. Il semble même que ce père de la démocratie moderne dût présager, par sa jeunesse vagabonde et les vicissitudes de son âge mûr, les errements et les agitations de sa fille turbulente. Il avait quitté Genève d'assez bonne heure. Observateur attentif, comme sont souvent ses compatriotes, il étudia soigneusement les divers pays où il promena sa tristesse maladive et son âpre désir de jouissance et de savoir. Au cours de ses voyages, il résolut d'écrire un ouvrage « qui devait, pensait-il, mettre le sceau à sa réputation » et qui traiterait des institutions politiques. « Il y avait treize ou qua- « torze ans, » écrit-il en 1756, « que j'en « avais conçu la première idée lorsqu'é- « tant à Venise, j'avais eu quelque occa- « sion de remarquer les défauts de ce gou- « vernement si vanté. » A son ordinaire, Rousseau traîna en longueur l'exécution de son projet. Il était à la fois paresseux et travailleur infatigable. Il employait de longues années à mûrir l'idée d'un écrit et ne prenait la plume qu'après s'être complétement rendu maître de son sujet. Encore remettait-il plusieurs fois l'ouvrage sur le chantier, comme le prouve l'histoire même du livre qui nous occupe et qui a subi beaucoup de changements avant d'arriver à sa forme définitive. Toutes réserves faites sur les doctrines de Rousseau, disons en passant que sa méthode est la bonne : elle est celle des grands écrivains qui savent le prix d'une phrase et qui tiennent à épuiser leur pensée, à s'approcher autant que possible de l'idéal qui les a charmés.

La pente de ses réflexions le conduisit à rechercher « quelle est la nature du gouver- « nement propre à former le peuple le plus « vertueux, le plus éclairé, le plus sage, le « meilleur enfin, à prendre ce mot dans son « plus grand sens. J'avais cru voir que cette « question tenait de bien près à cette au- « tre-ci, si même elle en était différente : « Quel est le gouvernement qui, par sa na- « ture, se tient toujours le plus près de la « loi? De là, qu'est-ce que la loi? et une « chaîne de questions de cette importance. » (*Confessions*, Partie II, Livre IX.) Nous touchons ici au vif du problème qui nous occupe. En 1754, Rousseau revint dans sa ville natale ; il avait quarante-deux ans. La république qu'il trouva n'était point, tant s'en faut, celle qu'il avait rêvée à distance. En quoi le gouvernement de Genève valait-il mieux que ceux des Etats que le philosophe voyageur avait visités? Le pouvoir était aux mains d'une aristocratie jalouse, tracassière, fermant obstinément ses rangs et ne voulant pas entendre parler de réformes. Les Génevois étaient divisés en sept ou huit classes qui se faisaient une guerre acharnée. Rousseau appartenait à la classe la plus élevée, à celle des citoyens. Il s'ensuit, comme le fait si bien voir M. Vuy, que ce titre de citoyen de Genève, dont l'auteur de l'*Emile* fait si volontiers parade, était un titre éminemment aristocratique.

Mal accueilli par les chefs du pouvoir, Rousseau ne tarda pas à entrer en lutte ouverte avec eux, et il épousa les querelles du parti de l'opposition. Bien qu'à cette époque il n'ait séjourné que quatre mois à Genève, il profita de ses loisirs pour étudier l'histoire de sa patrie. Des amis qui l'avaient précédé dans cette voie lui servirent de guides : on cherchait des armes contre le gouvernement oligarchique du dix-huitième siècle où l'on en pouvait trouver, c'est-à-dire dans les temps qui précédèrent la réforme. « Pour bien étu-
« dier les lois politiques d'un état moderne,
« a dit quelque part Rousseau, il faut com-
« mencer par les prendre à leur origine et
« suivre l'ordre de leur composition. Car on
« n'en peut bien pénétrer l'esprit qu'à l'aide
« des circonstances qui les ont produites et

« des effets que ceux qui les ont faites s'en « sont promis. Cela est vrai surtout des pe- « tits gouvernements comme celui de Ge- « nève..... »

Or, il se trouva que l'ancien gouvernement épiscopal, dont les protestants ont tant médit, est l'un des plus sages et des plus libres qui aient jamais existé. Parmi les évêques de Genève, il y a des hommes de grande valeur, comme Arducius de Faucigny, Aymon du Quart, Jean de Pierre Cise, le cardinal de Brogny; tous eurent le *cœur citoyen*. En 1385, l'antipape Clément VII, qui était de la famille des comtes de Genève, fit arriver au siège épiscopal un religieux dominicain, son ami et son confesseur, Adémar Fabri. Quelle époque lamentable que celle où des hommes pieux et sincères comme Adémar Fabri se trouvaient lutter, sans le savoir, contre le véritable successeur de saint Pierre! L'antipape d'Avignon avait vu juste. Sous la robe de ce moine obscur, se cachait un juriste éminent et un politique de haute portée. Adémar Fabri n'a guère laissé qu'un souvenir de son trop court épiscopat, le Code des

Franchises; mais cet acte a suffi pour rendre son nom populaire et immortel.

Cette pièce renferme deux sortes de dispositions. Les unes, et c'est le plus grand nombre, étaient déjà en vigueur et avaient la sanction du droit traditionnel. Adémar Fabri ne fit que les soumettre à une révision sérieuse et les réunit en une charte unique. Il y ajouta de lui-même un certain nombre d'articles qui contenaient des dispositions nouvelles et hardies pour l'époque. D'après l'acte des Franchises, l'évêque est le souverain de Genève, il a le droit de grâce et celui de frapper monnaie. Les citoyens se gouvernent eux-mêmes; ils élisent leurs syndics, votent sur les édits et sur les impôts. Tous, sans distinction de rang ou de fortune, jouissent de droits civils et politiques fort étendus. La qualité de bourgeois ou de citoyen s'acquiert par demeure d'an et jour. Adémar Fabri complète ces dispositions par une concession, par un principe encore plus extraordinaire. Il veut que ces franchises soient perpétuelles : ni les transgressions, de quelque part qu'elles viennent, ni le non-usage n'auront force pour les abolir.

Qui faut-il le plus admirer, ou du prince-évêque qui limite aussi généreusement sa souveraineté, ou du peuple qui, dès ces temps reculés, se montre digne d'institutions si larges et si démocratiques ?

Les Franchises d'Adémar Fabri assurèrent la prospérité de Genève. Le mal vint d'ailleurs, et, d'abord de la maison de Savoie, qui aurait voulu prendre la cité du Léman pour capitale. Les intrigues et les violences des *princes-loups de Savoie*, comme les a nommés un jour M. Thiers, forcèrent plus tard les Génevois à implorer et parfois à subir les secours de Berne ; ce qui amena, hélas ! le triomphe du protestantisme. Avec la réforme, disparurent la prospérité matérielle et les libertés municipales de Genève. Les étrangers commandèrent en maîtres dans la petite république ; on y vit alors fleurir l'oligarchie, le système des castes, et ceux que Rousseau appelait *Messieurs les brûleurs* s'en donnèrent à leur aise.

*
* *

Quoi qu'il en soit, Rousseau ne cache point son admiration pour l'Acte des Franchises. Il le compare, dans son enthousiasme, à la grande charte d'Angleterre. Comme, à ce moment-là, il travaillait à son *Contrat social*, ses idées se modifièrent au contact de l'ancienne législation de son pays. Un des principes fondamentaux du *Contrat social*, celui qui a eu le plus de succès, c'est que les droits du souverain (le souverain n'est autre que la volonté générale ou le peuple) sont inaliénables. Tout ce qui tend à les limiter est, de soi, nul ou sans valeur. Qu'un peuple en use ou les abdique, peu importe, ces droits subsistent et peuvent toujours être réclamés. Ils sont dans l'essence même des choses. Qui ne voit ici, avec M. Vuy, une réminiscence des Franchises d'Adémar Fabri? Les Mémoires du savant génevois contiennent des coïncidences de texte, des citations, qui, à notre avis, ne laissent aucune place au doute. Adémar Fabri, en donnant à sa concession le caractère de perpétuité, s'était peut-être inspiré des formules qu'on rencontre dans beaucoup d'actes ecclésiastiques.

Cette idée est un trait de lumière pour Rousseau qui s'en empare, la transforme en un principe de droit naturel et l'oppose à ses contradicteurs.

N'y a-t-il pas dans le *Contrat social* d'autres principes qui aient une parenté étroite avec le Code des Franchises, l'égalité civile et politique, par exemple? C'est une question que nous posons à M. Vuy. Ne pourrait-il pas aussi indiquer avec plus de netteté les influences diverses qui portèrent Rousseau à transformer ou mieux, à dénaturer les idées qu'il emprunta au moyen âge catholique?

A notre avis, la clef du système politique de Rousseau est sa définition de la loi. Pour lui, la loi n'est que l'expression de la volonté générale. Il n'admet pas de loi divine, connue par la raison ou la révélation, et sur laquelle la loi humaine doive se régler. D'autre part, en posant comme un dogme social le concours de tous à l'élaboration de la loi, il érige en système nécessaire de gouvernement ce qui n'est qu'une des formes changeantes de la société, la plus séduisante peut-être, à coup sûr, la plus périlleuse de toutes, nous voulons dire la démocratie. Combinez ces deux idées, et voilà que la démocratie a tous les droits et n'est tenue à aucun devoir envers qui que ce soit. Enfin, pour frayer les voies à son système, Rousseau y met le comble de l'absurdité, il rend même suspectes les idées généreuses qui s'y sont glissées en nous les présentant comme un ensemble de thèses philosophiques qui sont au-dessus de tout conteste, comme une charte de droits inviolables et imprescriptibles.

Que J.-J. Rousseau eût surtout Genève en vue, en publiant son *Contrat social*, nous le croyons sans peine. Les luttes qu'il soutint à cette époque contre les chefs de l'aristocratie génevoise en sont une preuve convaincante. Toutefois, M. Vuy nous semble insister trop sur ce point. Sa thèse ne serait point infirmée, alors même qu'il serait admis que Rousseau voulait donner une théorie générale de gouvernement et qu'il songeât à d'autres pays en même temps qu'au sien. Sous l'influence des idées humanitaires qui étaient alors en vogue et qu'il contribua plus que personne à répandre, l'auteur du *Contrat so-*

cial se crut appelé à concourir à la régénération du monde. Esprit faux, s'il en fut jamais, il revêtit quelques idées, qu'il avait prises dans la démocratie bourgeoise du quinzième siècle, du vernis banal de la littérature antique. Il crut qu'on gouverne ou qu'on réforme une nation avec la même précision qu'on résout un problème de géométrie.

Il est donc constaté qu'avant J.-J. Rousseau, avant la déclaration des Droits de l'homme, il exista des peuples libres et chrétiens, qui se gouvernaient eux-mêmes et ne connaissaient pas le fléau des révolutions. Nous remercions M. Vuy de nous avoir fait admirer l'un de ces grands évêques du quatorzième siècle, qui présidèrent à la pacifique émancipation des bourgeois et des artisans, et de nous avoir montré à quel point la Genève épiscopale l'emporte sur la Genève protestante par ses libertés publiques et l'esprit démocratique de ses institutions.

Que les catholiques de Genève nous permettent d'exprimer un vœu ! puissent-ils se retremper de plus en plus aux sources vivifiantes de leur histoire nationale ! Ils ont plus que personne le droit de se dire de leur pays, puisque la plus belle portion de l'histoire de Genève leur appartient. Ils n'ont point à s'effrayer d'une démocratie intelligente et respectueuse des droits acquis, puisqu'un de leurs meilleurs évêques, a, de lui-même, ouvert les voies à ce mouvement qui emporte les peuples vers des destinées nouvelles. Est-ce que le régime du self-government, sagement appliqué, ne sert pas la cause de la civilisation et ne tend-il pas à former des caractères forts ? Par cette ligne de conduite, par cet amour sincère de leur pays et de ses anciennes institutions, les catholiques ne gagneront peut-être pas du premier coup la cause de la liberté religieuse : c'est une de ces victoires qui ne se remportent pas toujours avec les seules armes de la raison ; il faut des luttes morales, des sacrifices de toute sorte, parfois le sang des martyrs. Ils auront du moins contribué pour leur part à hâter l'heure bénie qui verra ce que Léon XIII a si bien nommé la *pacification des consciences.*

(Moniteur de Rome, 20 janvier 1883.)

LA CENSURE A GENÈVE

Un membre du Conseil des Deux-Cent, bien connu comme naturaliste et comme philosophe, Charles Bonnet, écrivait, le dix-huit juin dix-sept cent soixante-deux, au célèbre Haller, de Berne :

« Ce matin, notre Conseil a condamné les « deux ouvrages de Rousseau : le *Pacte so-* « *cial* (1) et *Emile*, à être *lacérés et brûlés par* « *la main du bourreau*, et *cette sentence si* « *juste* a été aussitôt exécutée. »

« *Il y a deux siècles, on aurait brûlé Rous-* « *seau dans Genève;* aujourd'hui, on se con- « tente de livrer au feu ses écrits (2). »

(1) Le *Contrat social.*

(2) *Bibliothèque universelle,* novembre 1883, pages 346 et suivantes.

Ainsi, d'après le philosophe génevois, le bûcher de Rousseau était en corrélation directe avec celui de Servet; la sentence du seizième siècle faisait brûler l'homme, celle du dix-huitième les écrits seulement. Dans l'une et l'autre affaire, la peine était semblable; en ces matières, le Petit Conseil, c'est-à-dire, le pouvoir exécutif, jouissait de l'arbitraire le plus absolu.

Quant à ce régime de censure officielle et sans limites, à cet arbitraire inouï dans une république, à cette exécution par le moyen du feu et par la main du bourreau, tout cela paraissait naturel à Charles Bonnet, il ne s'en préoccupait pas, il n'en parlait pas, *la sentence était si juste!*

Ce *régime de censure,* livrant, *sans aucune garantie quelconque,* vie et biens à la toute-puissance et au bon plaisir d'un pouvoir exécutif siégeant à huis clos, a eu, quant à Rousseau, un retentissement immense, et il n'y a là rien que de bien naturel.

Pourtant, ce régime ne datait pas de la veille seulement; il était, depuis bien des générations déjà, et depuis des siècles, pratiqué sur une large échelle dans Genève ; après Rousseau lui-même, il a été pratiqué largement encore durant des années. Plusieurs écrits de *Bérenger*, l'historien de Genève, ont été en effet brûlés dans cette dernière époque, et un bon nombre d'autres dont l'énumération serait longue (1). Le Petit Conseil semblait vouloir accélérer l'heure de sa chute et il s'étourdissait plus ou moins lui-même dans son propre aveuglement.

Les hommes les plus distingués tiennent volontiers pour bonnes certaines lois, parce qu'elles sont très anciennes et qu'ils les ont toujours vu fonctionner ; ils les considèrent comme devant faire naturellement partie de l'organisation sociale ; tel était évidemment le cas de Charles Bonnet.

On s'est demandé à quelle époque avait été établie à Genève une censure pareille, quelle était son origine, quel rôle elle a joué ; elle

(1) En particulier, un *Mémoire sur les droits dont les habitants avaient joui avant la République*. Voir notamment *Bulletin de l'Institut national genevois*, tome XXVII (1885), entre autres pages 69, 70, 75-80, 104-106, 124 et suiv.

rappelle, en effet, un système d'inquisition qui heurte violemment nos mœurs actuelles.

La réponse est facile.

Ce n'était point une institution récente dnas la ville du Léman, elle était au contraire en vigueur depuis plus de deux cents ans consécutifs ; elle coïncidait presque avec l'arrivée de Calvin à Genève; elle avait eu une influence considérable et frappé un grand nombre de malheureux; le bûcher avait souvent joué son rôle, le bourreau avait fini par devenir un personnage important dans l'Etat. C'est à ce point qu'à l'époque calviniste pure, en 1560, *l'un d'eux avait fini par s'inscrire officiellement pour les fonctions de ministre* du saint Evangile. Nous aurions quelque peine à le croire si le fait ne nous était pas attesté par un historien génevois, zélé partisan de la Réforme (1).

(1) « *Le bourreau songe à se mettre sur les rangs. Jac-* « *ques Sylvestre, exécuteur,* » lisons-nous dans le registre du 17 juin 1560, « a présenté requête aux fins de lui bailler licence « d'aller en son pays et lieu de naissance pour emploier le ta- « lent qu'il a reçeu dans la religion, comme il se sent pressé du « saint Esprit, et afin que la Seigneurie ne demeure dépourvue « d'exécuteur de la haute justice, il prie qu'il plaise en eslire un

Ainsi que nous l'apprend Froment, l'un des réformateurs, à propos d'une brochure anonyme, publiée en 1539, et ainsi que nous l'explique un publiciste contemporain, M. Théophile Dufour (1), la censure fut introduite *pour la première fois dans Genève,* en cette année 1539, *au grand regret des imprimeurs et autres.* L'*Edit des imprimeurs* fut décrété le 9 mai 1539, publié le 13 mai, et renouvelé dès le 6 janvier 1540; on avait proposé que les contrevenants fussent *passibles seulement d'une forte amende,* outre la confiscation des livres imprimés; mais cette pénalité fut remplacée par la sanction beaucoup plus vague : *de l'indignation de Messieurs,* c'est-à-dire que les contrevenants furent passibles d'une peine absolument indéterminée, emportant vie et

« autre, et s'offre à servir jusqu'au mois d'août prochain... » Le bourreau ne reçut pas d'admonestation et son gage fut notablement augmenté. — Amédée Roget. *Histoire du peuple de Genève, depuis la Réforme jusqu'à l'Escalade,* tome IV, page 71.

(1) Théophile Dufour. *Notice bibliographique sur le catéchisme et la confession de foi de Calvin* (1537) *et sur les autres livres imprimés à Genève et à Neuchâtel* (1533-1540). Genève, 1878, page 157. — Herminjard. *Correspondance des Réformateurs.* Tome V, 1878, page 303.)

biens, et donnant au Petit Conseil un pouvoir absolu, dont il usa largement et dans une foule de circonstances.

La censure n'existait pas auparavant dans Genève, la Genève épiscopale ne l'a jamais connue, ce qui explique très bien le remarquable essor que prit, en la ville impériale, l'imprimerie naissante, soit dans la seconde moitié du quinzième siècle, soit dans le commencement du seizième.

L'étude détaillée et complète de ce sujet mènerait loin.

FIN

TABLE DES MATIÈRES

ERRATA

Page 24, ligne 8, après *faveur*, ajouter *des citoyens*.
» 26, » 2, au lieu de *pages*, lire *passages*.
» 32, » 7, au lieu de *laissa*, lire *laissait*.
» 36, second renvoi, au lieu de *XII* lire *XIII*.
» 41, 3me ligne avant la fin, supprimer le mot *génevoise*.
» 45, ligne 13, après *brochure*, ajouter *sans prétention*.
» 52, » 5, après *démocratie*, ajouter *moderne*.
» 65, » 9, au lieu de *1737*, lire *1757*.
» 88, » 1, après *fort dures*, ajouter *mal sonnantes*.
» 100, » 14, au lieu de *suffisante*, lire *satisfaisante*.
» 101, » 12, au lieu de *polémique*, lire *longue polémique*.
» 112, » 5, au lieu de *pour fléchir*, lire *pour faire fléchir*.
» 117, avant dernière ligne, au lieu de *document*, lire *monument*.
» 136, troisième ligne de la première note, lire *p. 156*.
» 136, ligne 11, au lieu de *gouvernement*, lire *république*.
» 139, septième ligne avant la fin, après *toujours*, ajouter *beaucoup*.
» 141, note 1, au lieu de *173*, lire *1773*.
» 147, ligne 1, au lieu de *c'est*, lire *c'était*.
» 151, » 2, au lieu de *m'imaginer*, lire *imaginer*.
» 152, note, au lieu de *Pariset*, lire *Parisot*.
» 166, douzième ligne, après *encore*, mettre *un point*, au lieu d'une *virgule*.
» 167, trois dernières lignes après *déception*, lire : *et de cette blessure d'amour-propre, si vive et si inattendue, qu'il avait éprouvées*.
» 190, note, effacer le mot *de* avant *citer*.

Genève. — Impr. Henri Trembley.

www.ingramcontent.com/pod-product-compliance
Ingram Content Group UK Ltd.
Pitfield, Milton Keynes, MK11 3LW, UK
UKHW020441200726
13857UKWH00002B/528